Gustave Flaubert

Über Felder und Strände

~

Eine Reise in die Bretagne

1847

„Flaubert reist 1847 mit seinem Freund Maxime Du Camp in die Bretagne nachdem er nur ein Jahr zuvor sowohl seine Schwester als auch seinen Vater verlor. Ein Reisebericht über Land und Leute, Kultur und Natur, vor allem jedoch mit einem Metathema: Der Freiheit des Geistes die mit dem Umherstreifen am fremden Ort Hand in Hand geht.“ *Redaktion Gröls-Verlag* (Edition I Werke der Weltliteratur)

Hinweis zur Kapitelnummerierung

„Über Feld und Strand“ entstammt dem Jahre 1847. Die Zählung der Kapitel erklärt sich in der Weise, daß Flaubert mit seinem Gefährten Maxime Du Camp ein gemeinsames Buch schrieb, zu dem Flaubert die ungeraden, Du Camp die geraden Kapitel lieferte. Dieses Buch ist nie erschienen. Ein Fragment aus Flauberts Kapiteln erschien 1858 unter dem Titel „Die Steine von Carnac“ im *„Artiste“*. So wie das Werk hier in Übersetzung geboten wird, erschien es auch in Frankreich erst nach Flauberts Tode.

Redaktionelle Hinweise und Impressum

Das vorliegende Werk wurde zugunsten der Authentizität sehr zurückhaltend bearbeitet. So wurden etwa ursprüngliche Rechtschreibfehler regelmäßig *nicht* behoben, denn kleine Unvollkommenheiten machen das Buch – wie im Übrigen den Menschen – erst authentisch. Mitunter wurden jedoch zum Beispiel Absätze behutsam neu getrennt, um den Lesefluss zu erleichtern.

Wir sind bemüht, ein ansprechendes Produkt zu gestalten, welches angemessenen Ansprüchen an das Preis/Leistungsverhältnis und vernünftigen Qualitätserwartungen gerecht wird. Um die Texte zu rekonstruieren, werden antiquarische Bücher von leistungsfähigen Lesegeräten gescannt und dann durch eine Software lesbar gemacht. Der so entstandene Text wird von Menschen gegen eine Aufwandsentschädigung gegengelesen und korrigiert – Hierbei können gelegentlich Fehler auftreten. Wenn Sie ebenfalls antiquarische Texte einreichen möchten, wenden Sie sich für weitere Informationen gerne an

www.groels.de

Informieren Sie sich dort auch gerne über die anderen Werke aus unserer

Edition | Bedeutende Werke der Weltliteratur

Sie werden es mit 94,051 %iger Wahrscheinlichkeit nicht bereuen.

Die Deutsche Nationalbibliothek verzeichnet dieses Werk in der Deutschen Nationalbibliografie.

Verleger: Marcel Hermann-Josef Gröls, Poelchaukamp 20, 22301 Hamburg.
Externer Dienstleister für Distribution und Herstellung: BoD, In de Tarpen 42, 22848 Norderstedt

Inhalt

Kapitel I.

Château de Chambord.

Wir sind die leeren Galerien entlang und durch die verlassenen Zimmer gegangen, wo die Spinne ihre Netze über den Salamandern Franz' des Ersten spannt. (Ein schmerzhaftes Gefühl faßt einen bei diesem Elend, das nichts Schönes hat. Es ist nicht der Ruin von überall, mit dem Luxus seiner schwarzen und grünlichen Trümmer, der Stickerei seiner koketten Blumen und seinen Vorhängen gleich Damastfetzen im Winde wogenden Grüns. Es ist ein verschämtes Elend, das sein fadenscheiniges Kleid aufbürstet und den Wohlanständigen spielt. Man bessert das Parkett in diesem Zimmer aus, in jenem andern läßt man es faulen. Man sieht hier eine vergebliche Bemühung, zu bewahren, was stirbt, zurückzurufen, was geflohen ist. Seltsam! Das alles ist traurig und es ist nicht groß.

Und dann möchte man sagen, alles habe mithelfen wollen, um Schmach auf ihn zu werfen, jenen armen Chambord, den Primaticcio zeichnete, den Germain Pilou und Jean Cousin meißelten und ziselierten. (Errichtet von Franz I. bei seiner Rückkehr aus Spanien nach dem demütigenden Vertrag von Madrid (1526), ein Monument des Hochmuts, der sich betäuben will, um sich mit seinen Niederlagen abzufinden, verbannt man zuerst Gaston von Orleans dahin, einen besiegten Prätendenten; dann macht Ludwig XIV. aus einem einzigen Stockwerk drei und verdirbt so die wundervolle Doppeltreppe, die wie eine Spirale geschnellt aus einem Guß vom Boden bis zur Zinne führte. Eines Tages spielt Moliere dort den *Bürger als Edelmann* zum erstenmal, oben im zweiten Stock, auf der Fassadenseite, unter der schönen, mit Salamandern und gemalten Ornamenten bedeckten Decke, deren Farben in Schuppen abfallen. Dann hat man es dem Marschall von Sachsen gegeben; man hat es dem Polignac gegeben und hat es einem einfachen Soldaten, Berthier, gegeben; man hat es durch eine Subskription zurückgekauft und es dem Herzog von Bordeaux gegeben. Man hat es aller Welt gegeben, als ob niemand es gewollt oder behalten gewollt habe. Es sieht aus, als habe es fast nie gedient, und als sei es stets zu groß gewesen. Es ist wie ein verlassenes Gasthaus, wo die Reisenden nicht einmal ihre Namen auf den Wänden zurückgelassen haben.

Als wir über eine äußere Galerie zur Treppe von Orleans gingen, um die Karyatiden anzusehen, die Franz I., M. de Chateaubriand und Mme. D'Etampes darstellen sollen, und als wir um die berühmte Laterne schritten, die die große Treppe abschließt, haben wir mehrere Male den Kopf durch die Balustrade gesteckt, um hinunter zu blicken: im Hofe rieb sich ein junger Esel, der an den Zitzen seiner Mutter saugte, gegen sie; er schüttelte die Ohren, streckte die Nase vor und sprang auf seinen Hufen. Das sah man im Ehrenhofe des Schlosses von Chambord; das sind jetzt seine Gäste: ein Hund, der im Grase spielt, und ein Esel, der auf der Schwelle der Könige säugt, schnaubt und iaht, kackt und springt! ...

Château d'Amboise. – Das Schloß von Amboise, das die ganze Stadt beherrscht, die ihm wie ein Haufen Kiesel an einer Klippe zu Füßen hingeworfen scheint, zeigt mit seinen großen und dicken Türmen, die von langen, schmalen Rundbogenfenstern durchbrochen sind, mit seiner Arkadengalerie, die von einem zum andern führt und der falben Farbe seiner Mauern, die durch die Blumen, die von oben hängen, einem buschigen Federbusch gleich auf der bronzenen Stirn eines alten Haudegens, noch düsterer wird, eine schöne und imposante Burgenphysiognomie. Wir haben eine gute Viertelstunde lang den superben linken Turm bewundert der gebräunt ist, fleckenweise gelb, anderswo vom Ruß geschwärzt, und aus dessen Zinnen köstlicher Braunlack niederhängt, und der überhaupt eins jener sprechenden Monumente ist, die zu leben scheinen, und die einen wie jene Bildnisse, deren Originale man nie gekannt hat und die man zu lieben beginnt, man weiß nicht, warum, unter ihren Blicken regungslos und verträumt festhalten.

Man steigt einen sanften Abhang zum Schloß empor und er führt in einen zur Terrasse aufgehöhten Garten, von dem aus sich der Blick voll über das umgebende Land ausbreitet. Es war von zartem Grün; auf den Ufern des Flusses standen Pappelreihen; bis zum Rande reichten die Wiesen, die in der Ferne ihre grauen Grenzen in den bläulichen und dunstigen Horizont verwischten, den der Umriß der Hügel unbestimmt abschloß. Mitten hindurch rollte die Loire und badete ihre Inseln, befeuchtete die Kante der Wiesen, trieb Mühlen und ließ auf ihren versilberten Windungen die großen aneinandergebundenen Boote hingleiten, die friedlich, Seite an Seite, zum langsamen Knarren des großen Steuerruders halb schlafend dahinzogen, und weit hinten sah man zwei große Segel, die in der Sonne vor Weiße strahlten.

Vögel flogen von der Zinne der Türme und vom Rande der Pechnasen auf, ließen sich anderswo nieder, flogen, stießen im Flug ihre kleinen Schreie aus und verschwanden. Hundert Fuß unter uns sah man die spitzen Dächer der Stadt, die verlassenen Höfe der alten Gasthäuser und das schwarze Loch der rauchigen Schornsteine. In die Vertiefung einer Zinne hineingelehnt, sahen, hörten, atmeten wir das alles und genossen der Sonne, die schön war, und der Luft, die lind war und ganz vollgesogen vom guten Geruch der Ruinen. Und dort träumte ich, ohne über irgend etwas nachzudenken, ohne auch nur innerlich, was es auch sei, zu formulieren, von den Panzerhemden, geschmeidig wie Handschuhe, von den schweißfeuchten Wehrgehängen aus Büffelleder, von den geschlossenen Visieren, unter denen rote Blicke glänzten; von nächtlichem Sturmlauf, dem heulenden, verzweifelten, mit Fackeln, die die Mauern in Brand setzten, Kampfbeilen, die die Leiber zerschnitten; und von Ludwig XI., vom Liebeskrieg, von d'Aubigné, und vom Lack, von den Vögeln, dem schönen, glänzenden Efeu, den ganz kahlen Brombeersträuchern; und so genoß ich in meinem träumerischen und gemächlichen Schlürfen: von den Menschen, was das Größte an ihnen ist, ihr Gedächtnis; – von der Natur, was ihr Schönstes ist, ihre ironischen Übergriffe und ihr ewiges Lächeln.

Im Garten erhebt sich mitten im Flieder und in dem Gebüsch, das in den Alleen zurückweicht, die Kapelle, ein Werk des sechzehnten Jahrhunderts, an allen Ecken ziseliert, ein echtes Kleinod lapidarer Goldschmiedekunst, ausgearbeiteter noch drinnen als draußen, ausgeschnitten wie das Papier in einer Zuckerwerksdose, durchbrochen gearbeitet wie der Griff eines chinesischen Sonnenschirms. An der Tür sieht man ein sehr ergötzliches und hübsches Bas-Relief; es stellt die Begegnung St. Huberti mit dem mystischen Hirsch dar, der ein Kreuz zwischen den Geweihen trägt. Der Heilige kniet; darüber schwebt ein Engel, der ihm einen Kranz auf die Mütze legen will; zur Seite sieht man sein Pferd, das mit dem guten Gesicht eines erstaunten Tieres zuschaut; seine Hunde bellen und auf dem Gebirge, dessen Grate und Kantenflächen Kristalle darstellen, kriecht die Schlange. Man sieht ihren flachen Kopf am Fuß der blätterlosen Bäume, die Blumenkohl gleichen, herannahen. Es ist der Baum, wie man ihm in alten Bibeln begegnet, ohne Laubwerk, mit dicken Ästen und Stamm, der Holz und Frucht trägt, aber kein Grün, der symbolische Baum, der theologische und fromme Baum, der in seiner unmöglichen Häßlichkeit fast phantastisch ist. Ganz nah dabei trägt der heilige Christoph Jesus auf den Schultern, der heilige Antonius sitzt in seiner auf einem Felsen erbauten Zelle; das

Schwein kehrt in sein Loch zurück, und man sieht nur noch seinen Hintern und den Schwanz, der in eine Trompete ausläuft, während neben ihm ein Kaninchen die Ohren zu seinem Bau heraussteckt.

All das ist ohne Frage ein wenig schwerfällig und von einer nicht gerade rigorosen Plastik. Aber in diesem Biedermann und seinen Tieren steckt so viel Leben und Bewegung, in den Details so viel Witz, daß man viel dafür geben würde, es mitnehmen und es bei sich haben zu können.

Im Innern des Schlosses wiederholt sich die fade Möblierung des Empire in jedem Zimmer. Fast alle sind mit Büsten Louis-Philippes und der Mme. Adelaide geschmückt. Die gegenwärtig herrschende Familie hat die Wut, sich in Bildnissen zu vervielfältigen. Es ist der schlechte Geschmack eines Parvenu, die Manie des im Geschäft reichgewordenen Krämers, der sich selbst mit Rot und Weiß und Gold, mit seinen Berloques auf dem Bauch, dem Bart am Kinn und seinen Kindern zur Seite zu betrachten liebt.

Auf einem der Türme hat man dem gewöhnlichsten Menschenverstand zum Trotz eine Glasrotunde erbaut, die als Speisesaal dient. Freilich ist der Blick, den man von dort hat, prachtvoll. Aber das Gebäude wirkt, von außen gesehen, so beleidigend, daß man, glaube ich, sein Lebtag lieber nichts sehen oder in die Küche essen gehen möchte.

Um wieder zur Stadt zu kommen, sind wir in einem Turm hinuntergestiegen, der dazu diente, daß Wagen fast bis oben hinauffahren konnten. Die leichte und mit Sand bestreute Neigung dreht sich wie die Stufen einer Treppe um eine steinerne Achse. Das Gewölbe ist finster, erleuchtet nur vom lebhaften Licht der Schießscharten. Die Konsolen, auf die sich das innere Ende des Gewölbebogens aufstützt, stellen groteske oder obszöne Gegenstände dar. Bei ihrer Erfindung scheint eine dogmatische Absicht vorgewaltet zu haben. Man müßte das Werk von unten her beginnen, wo es mit einemAristoteles equitatus beginnt (einem Gegenstand, der schon in einer der Statuen des Chors der Kathedrale in Rouen behandelt ist), und man kommt durch Abstufungen bis zu einem Herrn, der sich mit einer Dame in jener perfiden Positur belustigt, die Lukrez und die „*Eheliche Liebe*“ empfehlen. Die meisten Darstellungen dazwischen sind übrigens sehr zur Verzweiflung derer, die wie wir nach spaßhaften Einfällen jagen, beseitigt, und mit kaltem Blut, ausdrücklich, aus Anstand beseitigt, und, wie uns der Bediente Seiner Majestät in überzeugtem Tone sagte, „weil viele darunter waren, die für die Damen nicht paßten“ ...

Château de Chenonceau. – Etwas von eigener Sanftheit und aristokratischer Heiterkeit liegt über dem Schloß von Chenonceau. Es liegt etwas vom Dorf entfernt, das sich respektvoll abseits hält. Man sieht es am Ende einer großen Allee, von Wald umgeben, eingerahmt in einen weiten Park mit schönen Rasenflächen. Aufs Wasser, in die Luft gebaut, hebt es seine Türmchen und seine viereckigen Schornsteine. Der Cher fließt darunter her und murmelt am Fuß seiner Bogen, deren scharfe Kanten den Strom durchschneiden. Es ist friedlich und mild, elegant und robust. Seine Ruhe hat nichts Langweiliges und seine Melancholie hat keine Bitterkeit.

Man tritt am Ende eines langen Saals mit Spitzbogengewölbe ein, der einst als Waffensaal gedient hat. Man hat mehrere Rüstungen hineingestellt, die trotz des Zwangs gleichmäßiger Zusammenstellungen nicht stören und an ihrem Platze scheinen. Das ganze Interieur ist mit Geschmack angeordnet. Die Gobelins und die Möbel der Epoche sind erhalten und werden mit Verstand gepflegt. Die großen und ehrwürdigen Kamine des sechzehnten Jahrhunderts verbergen unter ihrem Mantel keine unvornehmen und sparsamen Kaminöfen, wie sie sich in weniger große einzunisten wissen.

In den Küchen, die wir gleichfalls besuchten, und die in einem Joch des Schlosses enthalten sind, las eine Magd Gemüse aus, ein Küchenjunge wusch Teller, und an den Öfen stand der Koch und ließ fürs Frühstück eine erträgliche Menge glänzender Kasserollen kochen. All das ist hübsch, sieht gut aus, riecht nach dem ehrlichen Schloßleben, der trägen und intelligenten Existenz des Wohlgeborenen. Ich liebe die Besitzer von Chenonceau.

Und gibt es nicht außerdem überall gute alte Porträts, vor denen man eine unendliche Zeit verbringen kann, indem man sich die Zeit vorstellt, da ihre Herren lebten, und die Ballets, in denen sich die Hüften all dieser schönen rosigen Damen drehten, und die guten Schwerthiebe, die sich diese Edelmänner mit ihren Rapieren versetzten. Das sind Versuchungen der Geschichte. Man möchte wissen, ob diese Leute wie wir geliebt haben, und welche Unterschiede zwischen ihren Leidenschaften und den unsern waren. Man möchte, daß ihre Lippen sich öffneten, um uns ihre Herzensgeschichten zu erzählen, alles, was sie einst, selbst an Nichtigem, getan haben, und welches ihre Ängste waren, ihre Lüste. Es ist eine reizende und verführerische Neugier, eine träumerische Begier, zu erfahren, wie man sie etwa nach der unbekannten Vergangenheit einer Geliebten empfindet ... Aber sie bleiben für die Fragen unserer Augen taub, sie bleiben da, stumm, regungslos in ihren hölzernen Rahmen, wir gehn vorüber. Die Motten durchbohren ihre Leinwand, man firnißt sie neu, sie lächeln noch, wenn wir verwest und vergessen sind. Und dann kommen andere und betrachten sie auch, bis zu dem Tage, da sie zu Staub verfallen werden, da man ebenso vor unseren eigenen Bildern träumen wird. Und man wird sich fragen, was man zu dieser Zeit machte, welche Farbe das Leben hatte, und ob sie nicht wärmer war ...

... Ich würde von all diesen schönen Damen nicht weiter reden, wenn mich das große Porträt der Madame Deshoulieres, in großem weißem Negligé und ganzer Figur (es ist übrigens eine schöne Gestalt und sie erscheint wie das so geschmähte und so wenig gelesene Talent dieser Dichterin beim zweiten Hinsehn besser als beim ersten) nicht durch den untrüglichen Charakter des Mundes, der dick, vorgeschoben, fleischig und sinnlich ist, an die sonderbare Brutalität des Porträts der Madame de Staël von Gerard erinnert hätte. Als ich es vor zwei Jahren zu Coppet sah, konnte ich nicht anders, ich war erstaunt über diese roten Weinlippen, diese weiten, witternden, atmenden Nasenflügel. Der Kopf George Sands zeigt etwas Analoges. Bei all diesen Frauen, die zur Hälfte Männer sind, beginnt die Geistigkeit erst in der Höhe der Augen. Der ganze Rest ist in den materiellen Instinkten stecken geblieben.

An amüsanten Dingen findet sich auf Chenonceau noch im Zimmer der Diana von Poitiers das große Baldachinbett der königlichen Konkubine, ganz aus weißem und kirschrotem Damast. Wenn es mir gehörte, würde es mich Mühe kosten, mich abzuhalten, daß ich mich nicht bisweilen hineinlegte. Im Bette der Diana von Poitiers liegen, selbst wenn es leer ist, das ist wohl so viel wert, wie in dem vieler greifbarerer Realitäten liegen. Hat man nicht gesagt, in diesen Dingen sei das ganze Vergnügen nur Einbildung? Könnt ihr euch also, ihr, die ihr ein wenig Phantasie habt, die sonderbare, historische Wollust vorstellen, wenn man den Kopf auf das Kopfkissen der Maitresse Franz des Ersten legt und sich auf ihren Matratzen umdreht? (O! wie gern gäbe ich alle Frauen der Erde hin, könnte ich Kleopatras Mumie haben!) Aber ich würde nicht einmal wagen, aus Furcht, es zu zerbrechen, das Porzellan der Katharina von Medici anzurühren, das im Speisesaal steht, noch auch den Fuß in den Steigbügel Franz' des Ersten zu setzen, aus Furcht, er könne darinnen bleiben, noch die Lippen an das Mundstück der ungeheuren Trompete zu legen, die im Waffensaal hängt, aus Furcht, ich könne mir die Brust damit zerbrechen ...

Kapitel III.

Château de Clisson. – ... Auf einem Hügel, an dessen Fuß sich zwei Flüsse vereinigen, in einer frischen Landschaft, erheitert durch die klaren Farben der Ziegeldächer, die nach italienischer Manier flach sind und gruppiert wie in Huberts Skizzen, in der Nähe einer langen Kaskade, die eine Mühle dreht, ganz im Laub verborgen, zeigt das Schloß von Clisson sein schartiges Haupt über den großen Bäumen. Ringsum ist es ruhig und still. Die Häuschen lachen wie unter einem warmen Himmel; die Wasser machen ihr Geräusch, der Gischt spritzt auf einem Bach, an dem sich weiche Büschel Grüns benetzen. Der Horizont zieht sich auf der einen Seite in eine fliehende Perspektive von Wiesen hin und steigt auf der andern plötzlich empor, eingeschlossen von einem kleinen bewaldeten Tal, von dem eine grüne Woge zermalmt wird und bis unten hinabrollt.

Wenn man die Brücke überschritten hat und am Fuß des steilen Pfades steht, der zum Schloß hinaufführt, sieht man aufrecht, verwegen und hart über dem Graben, wo es sich mit zähem und furchtbarem Ausdruck aufstützt, ein großes Mauerstück, das mit aufgerissenen Pechnasen ganz bekrönt ist, ganz besetzt mit Bäumen, ganz behangen mit Efeu, dessen weite und frischgehaltene Masse, vom grauen Stein in Spalten und Spindeln durchschnitten, in ganzer Länge im Winde erschauert und einem ungeheuren Schleier gleicht, den der schlafende Riese im Traum auf seinen Schultern bewegt. Das Gras ist hoch und dunkel, die Pflanzen sind kräftig und schroff; der knotige, runzlige, gewundene Stamm des Efeus hebt die Mauern wie mit Hebeln empor, oder er hält sie im Netz seines Astwerks zusammen. An einer Stelle hat ein Baum die ganze Dicke der Mauer durchbrochen und hat, horizontal vorspringend und in der Luft hängend, die Strahlen seiner Zweige nach draußen entsandt. Die Gräben, deren Böschung sich durch die Erde mildert, die vom Rand abbröckelt, und durch die Steine, die von den Zinnen fallen, zeigen eine Kurve, weit und tief wie der Haß und wie der Hochmut; und das Eingangstor mit seinem kräftigen, ein wenig runden Spitzbogen und (einen beiden Öffnungen, die dienten, um die Zugbrücke aufzuziehen, sieht aus wie ein großer Helm, der durch die Löcher seines Visiers blickt.

Tritt man ins Innere, so ist man überrascht, verwundert über das erstaunliche Gemisch der Ruinen und der Bäume; die Trümmer bringen die grünende Jugend der Bäume zur Geltung, und dieses Grün macht die Trauer der Trümmer nur herber. Hier ist das ewige und schöne Lachen, das schallende Lachen der Natur auf dem Skelett der Dinge; hier ist der Übermut ihres Reichtums, die tiefe Anmut ihrer Phantasmen sind die melodiösen

Einfälle ihres Schweigens. Ein ernster und träumerischer Enthusiasmus ergreift einem die Seele; man fühlt, daß der Saft in den Bäumen rinnt, und daß das Gras mit der gleichen Kraft und dem gleichen Rhythmus wächst, wie die Steine zerbröckeln und die Mauern zerfallen. (Eine erhabene Kunst hat im höchsten Einklang der sekundären Dissonanzen die schweifende Form des (Efeus auf dem gewundenen Umriß der Ruinen angeordnet, das Haar der Brombeersträucher auf dem Wirrwarr der eingestürzten Steine, die Transparenz der Luft über den festen Ausladungen der Massen, den Ton des Himmels über dem Ton des Bodens, die beide ihr Gesicht im andern spiegeln, was war und was ist. Stets offenbaren so die Geschichte und die Natur, indem sie ihn in diesem engumschriebenen Winkel der Welt erfüllen, den unaufhörlichen Zusammenhang, die endlose Ehe zwischen der Menschlichkeit, die entfliegt, und dem Gänseblümchen, das wächst, zwischen den Sternen, die sich entzünden, und den Menschen, die einschlafen, zwischen dem Herzen, das pocht, und der Woge, die steigt. Und das ist hier an diesem Ort so deutlich durchgeführt, so vollständig, so dialogisiert, daß man innerlich erbebt, als wirke dieses Doppelleben in einem selber, so sehr drängt sich die Wahrnehmung dieser Harmonien und dieser Entwickelungen auf; denn auch das Auge hat seine Orgien und die Idee ihre Freudenfeste.

Am Fuß zweier großer Bäume, deren Stamme sich kreuzen, fließt wie eine leuchtende Woge ein grünes Licht über das Moos und erwärmt diese ganze Einsamkeit. Zu Häupten sendet eine Blätterkuppel, die der Himmel durchlöchert, der in Azurfetzen darüber absticht, ein grünliches und klares Licht hernieder, das, von den Mauern eingeschlossen, all ihre Trümmer reichlich erleuchtet, ihre Falten ausforscht, ihre Schatten verdichtet, alle ihre verborgenen Feinheiten entschleiert.

Schließlich tritt man hervor, man geht zwischen diesen Mauern, unter diesen Bäumen einher, man wendet sich wieder fort, man irrt die Außenwerke entlang und tritt unter die berstenden Arkaden, von denen aus sich eine große schaudernde Pflanze verbreitet. Die überfüllten Gewölbe, die die Toten enthalten, erdröhnen unter den Schritten; die Eidechsen laufen unter den Büschen, die Insekten steigen die Mauern entlang, der Himmel glänzt, und die eingelullte Ruine setzt ihren Traum fort.

Mit seinem dreifachen Gürtel, seinen Erkern, seinen inneren Höfen, seinen Pechnasen, seinen Kellergewölben, seinen Wällen, die wie Rinde auf Rinde und Küraß auf Küraß übereinandergelegt sind, läßt sich das alte Schloß der Clisson noch rekonstruieren und wieder zeigen. Die Erinnerung an die Existenzen von ehemals fließt mit der Ausdünstung der Nesseln und der Frische des Efeus von seinen Mauern herab. Andere Menschen als wir haben da drinnen ihre heftigeren Leidenschaften bewegt; sie hatten stärkere Hände, weitere Brüste.

Lange schwarze Striche steigen noch in Diagonalen die Wände hoch, wie zu der Zeit, da die Scheite in den achtzehn Fuß weiten Kaminen flammten. Symmetrische Löcherreihen im Mauerwerk bezeichnen die Stelle der Stockwerke, zu denen man einst auf Wendeltreppen emporstieg, die zerbröckeln und die ihre leeren Türen auf den Abgrund öffnen. Bisweilen senkte sich ein Vogel, der aus seinem in den Ranken aufgehängten Neste aufflog, mit ausgebreiteten Flügeln nieder und schwebte durch den Bogen eines Fensters, um in die Felder hinauszuziehen.

Hoch oben in einem ragenden, ganz nackten, grauen, trockenen Mauerstück ließen viereckige, nach Größe und Anordnung unregelmäßige Fensteröffnungen durch ihre gekreuzten Stangen die reine Farbe des Himmels glänzen, dessen lebhaftes Blau, vom Stein eingerahmt, das Auge mit überraschendem Reiz anzog. Die Schwalben ließen in den Bäumen ihr gellendes und wiederholtes Geschrei hören. Mitten in all dem weidete eine Kuh, die darinnen wie auf einer Wiese ging, und ihren gespalteten Huf auf dem Grase spreizte.

Man sieht ein Fenster, ein großes Fenster, das sich auf eine Wiese öffnet, die man die *Wiese der Ritter* nennt. Von da aus, von einer Steinbank, die in die Dicke der Mauer eingelassen war, konnten die großen Damen von damals die Ritter sehen, die nach der eisengepanzerten Brust ihrer Pferde stießen, und die Streitkolben, die auf die Helmstutzen niedersausten, die Lanzen, die zerbrachen, die Männer, die auf den Rasen sanken. Vielleicht hat an einem schönen Sommertag wie heute, als noch die Mühle da, die ihr Geklapper klappert und die ganze Landschaft in Geräusch versetzt, nicht existierte, als noch Dächer über diesen Mauern standen, und flandrische Leder auf den Wänden hingen, als in diese Fenster Wachsleinwand gespannt und weniger Gras zu sehen, aber Stimmen und Lärm von Lebendigen zu hören waren, ja, vielleicht hat da mehr als ein in sein Mieder aus rotem Samt gepreßtes Herz ebendort vor Angst und Liebe gepocht. Wundervolle weiße Hände haben auf diesem Stein, den jetzt die Nesseln bedecken, vor Furcht gebebt, und die gestickten Schleifen der großen Hauben haben in diesem Wind gezittert, der die Enden meiner Halsbinde bewegt, und der den Federbusch der großen Herren beugte.

Wir sind in die Keller hinuntergestiegen, wo Johann V. eingeschlossen wurde. Im Kerker der Männer haben wir noch an der Decke den großen Doppelhaken gesehen, der zum Hängen diente; und wir haben mit neugierigen Fingern die Tür zum Kerker der Frauen betastet. Sie ist etwa vier Zoll dick, durch Schrauben zusammengehalten, mit Eisen geklammert, belegt und gleichsam gepolstert. In der Mitte diente ein kleines vergittertes Türchen, um in das Verlies zu werfen, was nötig war, damit die Verurteilte nicht starb. Das öffnete man, und nicht die große Tür, die, der diskrete Mund der furchtbarsten Vertraulichkeiten, von jenen war, die sich immer schließen und sich niemals öffnen. Es war die gute Zeit für den Haß! Wenn man damals einen haßte, wenn man ihn in einem Überfall aufgehoben oder bei einer Zusammenkunft durch Verrat genommen hatte, aber wenn man ihn endlich hatte, ihn hielt, dann konnte man ihn nach Gefallen zu jeder Stunde, zu jeder Minute sterben fühlen, seine Ängste zählen, seine Tränen trinken. Man stieg in seinen Kerker hinunter, man sprach mit ihm, man feilschte über seine Strafe, um über seine Qualen zu lachen, man erörterte sein Lösegeld; man lebte auf seine Kosten, von ihm, von seinem Leben, das erlosch, von seinem Gold, das man ihm nahm. Der ganze Wohnsitz, von der Höhe der Türme an bis zum Fuß der Gräben, lastete auf ihm, zermalmte ihn, begrub ihn; und die Familienrachen wurden so erfüllt, in der Familie, und durch das Haus selber, das ihre Kraft ausmachte und ihre Idee symbolisierte.

Bisweilen jedoch, wenn dieser Unglückliche, der dort lag, ein großer Herr war, ein reicher Mann, wenn er sterben wollte, wenn man seiner satt war, und wenn alle Tränen seiner Augen den Haß seines Herrn gleichsam erfrischend zur Ader gelassen hatten, redete man davon, ihn loszulassen. Der Gefangene versprach alles; er wollte die Burgen zurückerstatten, er wollte die Schlüssel seiner besten Städte aushändigen, er wollte seine Tochter zur Ehe geben, er wollte Kirchen dotieren, er wollte zu Fuß zum Heiligen Grabe ziehen. Und Geld! Geld außerdem! Er wollte durch die Juden welches schaffen lassen! Dann unterschrieb man den Vertrag, man gegenzeichnete ihn, man datierte ihn voraus; man brachte Reliquien herbei, man schwor darüber, und der Gefangene sah die Sonne wieder. Er bestieg ein Pferd, ritt im Galopp davon, kam nach Hause, ließ das Fallgatter senken, rief seine Leute herbei und hakte das Schwert los. Sein Haß brach in wilden Explosionen nach außen. Es war der Moment des erschreckenden Zorns und der siegreichen Wut. Der Schwur? Der Papst befreite von ihm, und das Lösegeld, das zahlte man nicht!

Als Clisson im Schloß von l'Hermine eingesperrt war versprach er, um hinauszukommen, hunderttausend Goldfranken, die Herausgabe der Orte, die dem Herzog von Penthièvre gehörten, die Nicht-Vollziehung der Ehe seiner Tochter Marguerite mit dem Herzog von Penthièvre. Und sowie er draußen war, begann er damit, daß er Chatelaudren, Guincamp, Lamballe und Saint-Malo angriff, die genommen wurden oder kapitulierten. Der Herzog von Penthièvre heiratete seine Tochter, und die hunderttausend Goldfranken, die er gezahlt hatte, gab man ihm zurück. Aber zahlen mußten sie die Völker der Bretagne.

Als Johann V. an der Brücke von Loroux vom Grafen von Penthièvre aufgehoben war, versprach er ein Lösegeld von einer Million; er versprach seine älteste Tochter, die bereits mit dem König von Sizilien verlobt war. Er versprach Montcontour, Sesson und Ingan und so weiter; er gab weder seine Tochter, noch das Geld, noch die festen Plätze. Er hatte gelobt, zum Heiligen Grabe zu pilgern. Er entledigte sich des Gelübdes durch einen Stellvertreter. Er hatte gelobt, weder Steuern noch Subsidien mehr zu erheben; der Papst entband ihn davon. Er hatte gelobt, Notre-Dame von Nantes sein Gewicht in Gold zu geben; aber da er fast zweihundert Pfund wog, geriet er tief in Schulden. Mit allem, was er zusammenraffen und fassen konnte, bildete er schnell eine Liga und zwang die Penthièvre, ihm jenen Frieden abzukaufen, den sie verkauft hatten.

Jenseits der Sèvre, an der er sich die Füße netzt, bedeckt ein Wald den Hügel mit seiner grünen und frischen Masse; es ist die „Garenne", ein trotz der künstlichen Schönheiten, die man dort hat einführen wollen, an sich sehr schöner Park. M. Semot (der Vater des gegenwärtigen Besitzers, ein Maler des Empire und Hofkünstler) hat dort nach Kräften gearbeitet, um jenen kalten, italienischen, republikanischen, römischen Geschmack zu reproduzieren, der zur Zeit Tanovas und der Madame de Staël sehr Mode war. Man war pomphaft, grandios und vornehm. Es war die Zeit, da man auf den Gräbern Urnen meißelte, wo man alle Welt mit dem Mantel und dem Haar im Winde malte, wo Corinne zur Leyer sang, an Oswalds Seite, der russische Stiefel trug, und wo man schließlich auf allen Köpfen viel wirres Haar sehn mußte, und in allen Landschaften viele Ruinen.

Diese Art von Schönheiten fehlt der Garenne nicht. Man findet einen Vestatempel und gegenüber einen Tempel der Freundschaft.

... Die Inschriften, die zusammengesetzten Felsen, die künstlichen Ruinen sind hier mit Naivität und Überzeugung ausgestreut ... Aber alle poetischen Reichtümer sind in Heloisens Grotte vereinigt, einer Art natürlichem Dolmen am Ufer der Sèvre.

... Weshalb hat man nur aus dieser Gestalt der Heloise, die eine so edle und hohe Gestalt war, etwas Banales und Albernes gemacht, den faden Typus jeder durchkreuzten Liebe und gleichsam das enge Ideal des sentimentalen kleinen Mädchens? Sie verdiente doch besseres, diese arme Geliebte des großen Abälard, sie, die ihn mit so hingebender Bewunderung liebte, obgleich er hart war, obgleich er finster war und ihr weder Bitternisse noch Schläge ersparte. Sie fürchtete mehr, ihn zu verletzen als Gott selber, und sie wünschte ihm mehr zu gefallen als Gott. Sie wollte nicht, daß er sie zur Frau nahm, denn sie fand: „es sei unpassend und beklagenswert, wenn den, den die Natur für alle Werke geschaffen hatte ... wenn den eine Frau für sich allein nahm". Denn sie fühlte, sagte sie, „mehr Süße bei diesem Namen der Geliebten und Konkubine als bei dem der Gattin, als bei dem der Kaiserin, und wenn sie sich in ihm demütigte, hoffte sie, in seinem Herzen mehr zu gewinnen"

Der Park ist darum nicht minder ein entzückender Ort. Die Alleen schlängeln sich im Dickicht und die Baumgruppen reichen in den Fluß zurück. Man hört das Wasser fließen, man fühlt die Frische der Blätter. Wenn uns der schlechte Geschmack, der sich dort findet, gereizt hat, so war es, weil wir von Clisson kamen, denn das ist von einer echten Schönheit, so solide und so einfach, und dann, weil dieser schlechte Geschmack schließlich nicht mehr unser schlechter Geschmack ist. Aber was ist denn der schlechte Geschmack? Er ist unweigerlich der Geschmack der Epoche, die uns vorausgegangen ist. Der schlechte Geschmack der Zeit Ronsards war Marot; der Zeit Boileaus Ronsard; der Zeit Voltaires Corneille, und Voltaire war es zur Zeit Chateaubriands, den zu dieser Stunde viele Leute ein wenig schwach zu finden beginnen. O, ihr Leute von Geschmack in zukünftigen Jahrhunderten! Ich empfehle euch die Leute von Geschmack von heute. Ihr werdet ein wenig lachen über ihre Magenkrämpfe, über ihre superbe Verachtung, über ihre Vorliebe fürs Kalb und für die Milchkur, und über die Grimassen, die sie schneiden, wenn man ihnen blutiges Fleisch und zu heiße Poesien vorsetzt.

Da, was schön ist, häßlich sein wird, da, was graziös ist, dumm, was reich ist, arm erscheinen wird, so werden unsere entzückenden Boudoirs, unsere reizenden Salons, unsere hinreißenden Kostüme, unsere interessanten Feuilletons, unsere packenden Dramen, unsere ernsten Bücher – o! o! wie man uns auf den Speicher sperren wird, wie manMakulatur, Papier, Dünger, Mist daraus machen wird! O Nachwelt! Vergiß vor allem nicht unsere gotischen Wohnzimmer, unsere Renaissancemöbel, die Reden M. Pasquiers, die Form unserer Hüte und die Ästhetik der Revue des Deux Mondes!

Während wir uns diesen hohen philosophischen Betrachtungen überließen, zog unser Wagen uns bis Tiffanges. Beide in einer Art Weißblechwanne sitzend, marterten wir mit unserm Gewicht das unmerkliche Pferd, das in der Deichselgabel wogte. Es war das Zappeln eines Aals im Leibe einer Berberratte. Senkungen schoben es vorwärts, Steigungen zogen es zurück, Ränder schleuderten es zur Seite, und der Wind bewegte es unter dem Hagel der Peitschenhiebe. Das arme Tier! Ich kann nicht ohne Gewissensbisse daran denken.

Der in den Hügel geschnittene Weg senkt sich in Windungen, an den Rändern mit dichten Stechginsterbüschen oder mit den breiten Zungen eines rötlichen Mooses besetzt. Rechts sieht man am Fuß des Hanges auf einer Erdhebung, die aus dem Grund des Tals aufsteigt und sich wie der Rückenschild einer Schildkröte rundet, große, unregelmäßige Mauerreste, die ihre schartigen Kronen übereinander emporstrecken.

Man geht eine Hecke entlang, man klettert einen kleinen Pfad hinauf, man tritt unter eine ganz offene Halle, die bis zu zwei Dritteln ihres Spitzbogens im Boden steckt. Die Menschen, die einst zu Pferde hindurchgeritten sind, sie müßten sich jetzt beugen. (Wenn es die Erde langweilt, ein Monument zu lange zu tragen, bläht sie sich von unten her auf, steigt wie eine Flut darüber, und während der Himmel ihm am Kopfe zehrt, begräbt sie ihm die Füße.) Der Hof ist öde, der Mauerring leer, die Fallgatter rühren sich nicht mehr, das schlafende Wasser der Gräben ruht glatt und regungslos unter den runden Seerosen.

Der Himmel war weiß, ohne Wolken, aber ohne Sonne. Seine blasse Wölbung dehnte sich weit und bedeckte das Land mit kalter und schmerzhafter Monotonie. Man hörte kein Geräusch, die Vögel sangen nicht, der Horizont selbst ließ kein Murmeln hören, und die leeren Furchen sandten weder das Gekreisch auffliegender Krähen her noch das leise Geräusch des Eisens der Pflüge. Wir sind durch die Dornenranken und das Gestrüpp in einen tiefen und finsteren Graben am Fuß eines großen Turms hinabgestiegen, der sich im Wasser und Schilfrohr badet. Ein einziges Fenster öffnet sich auf einer seiner Flächen, ein Schattenviereck, das von der grauen Linie seines steinernen Fensterkreuzes durchschnitten wird. Am Vorsprung der Schwelle hängt ein mutwilliger Büschel wilden Geißblatts, und er streckt seine grüne und duftende Wolke nach draußen. Die großen Pechnasen lassen, wenn man den Kopf hebt, von unten her durch ihre klaffenden Öffnungen nur den Himmel sehen, oder eine kleine, unbekannte Blume, die sich dort, an einem Sturmtag vom Winde herbeigetragen, eingenistet hat, und deren Samenkorn in der Spalte der Steine im Schutz gewachsen ist.

Plötzlich ist ein Hauch gekommen, weich und lang, wie ein Seufzer, den man hinatmet, und die Bäume in den Gräben, das Gras auf den Steinen, die Binsen im Wasser, die Pflanzen der Ruinen und der riesenhafte Efeu, der den Turm von der Basis bis zum First unter seiner gleichförmigen Schicht leuchtenden Grüns verkleidete, alles erzitterte und schlug sein Laubwerk zusammen; das Korn auf den Feldern rollte seine blonden Wogen, die sich auf den beweglichen Köpfen der Halme immerfort streckten und streckten; der Wassertümpel furchte sich und sandte eine Welle um den Fuß des Turms; die Efeublätter schauerten alle zugleich, und ein blühender Apfelbaum ließ rosige Blütenköpfe fallen.

Nichts, nichts! Der Wind streicht vorüber, das Gras wächst, der Himmel liegt offen da. Kein Kind in Lumpen bewacht eine Kuh, die unter den Kieseln das Moos abweidet; nicht einmal eine vereinzelte Ziege steckt ihren bärtigen Kopf durch einen Spalt der Wälle und entflieht erschreckt, indem sie das Gesträuch bewegt; kein Vogel singt; kein Nest, kein Geräusch! Dieses Schloß ist wie ein Phantom, stumm, kalt, verlassen auf diesem öden Land; es sieht aus wie verflucht und voller wilder Erinnerungen. Und doch wurde er bewohnt, der traurige Sitz, den jetzt selbst die Eulen nicht mehr zu wollen scheinen. Im Turm haben wir zwischen vier gleich dem Boden alter Schwemmen bleifarbenen Mauern die Spur von fünf Stockwerken gezählt. Dreißig Fuß vom Boden ist ein Kamin mit seinen zwei runden Pfeilern und seinem geschwärzten Blech in der Schwebe geblieben; Erde ist daraus gekommen, und wie in einem Blumentisch, der sich dort erhalten hätte, sind Pflanzen darauf gewachsen.

Hinter der zweiten Ringmauer erkennt man auf einem gepflügten Feld die Reste einer Kapelle an den zerbrochenen Schäften eines Spitzbogenportals. Der Hafer ist darin gewachsen, und die Bäume haben die Säulen ersetzt. Diese Kapelle war vor vierhundert Jahren mit Dekorationen aus Goldtuch und Seide, mit Weihrauchfässern, mit Leuchtern, Kelchen,

Kreuzen, Edelsteinen, mit Schüsseln aus vergoldetem Silber, mit goldenen Kannen gefüllt; ein Chor von dreißig Sängern, Kaplanen, Musikern und Kindern stimmten dort Hymnen an, zum Ton einer Orgel, die ihnen folgte, wenn sie auf Reisen gingen. Sie waren in Scharlachkleider gekleidet, die perlgrau oder mit Pelzwerk gefüttert waren. Einen davon nannte man den Erzdiakon, einen andern den Bischof, und man verlangte vom Papst, es solle ihnen wie den Stiftsherren die Mitra zu tragen erlaubt sein; denn diese Kapelle war die Kapelle und dieses Schloß war eins der Schlösser Gilles de Navals, des Herrn von Ronci, Montmorency, Retz und Craon, des Generalstatthalters des Herzogs der Bretagne und Marschalls von Frankreich, der am 25. Oktober 1440 als Falschmünzer, Mörder, Zauberer, Sodomiter und Atheist auf derPrée der Madeleine zu Nantes verbrannt wurde.

Er hatte mehr als hunderttausend Goldtaler in Möbeln, dreißigtausend Livres Renten und die Einkünfte aus seinen Leben und den Sold seines Marschallamtes; fünfzig prächtig gekleidete Männer begleiteten ihn zu Pferde. Er hielt eine offene Tafel, man trug die seltensten Fleische darauf auf, die feinsten Weine, und man spielte bei ihm wie in den Städten beim Einzug der Könige Mysterien. Als er kein Geld mehr hatte, verkaufte er seine Ländereien; als er seine Ländereien verkauft hatte, suchte er Gold; und als er seine Öfen vernichtet hatte, rief er den Teufel. Er schrieb ihm, er werde ihm alles geben außer seiner Seele und seinem Leben. Er brachte ihm zu Ehren Opfer, Räucherungen, Almosen und Feiern dar. Die verlassenen Mauern leuchteten nachts beim Schein der Fackeln, die mitten unter den Humpen voll Inselweins und zwischen Zigeunergauklern brannten; sie erröteten unter dem unaufhörlichen Wind der magischen Gebläse. Man rief die Hölle an, man schmauste mit dem Tod, man schnitt Kindern den Hals ab, man hatte schauerliche Freuden und fürchterliche Genüsse; das Blut floß, die Instrumente spielten, alles hallte von Lüsten, von Schrecken und Delirien wieder.

Als er tot war, ließen vier oder fünf Jungfrauen seinen Leichnam vom Scheiterhaufen nehmen, hüllten ihn in ein Leichentuch und ließen ihn zu den Karmelitern tragen, wo er nach sehr ehrenhaftem Leichenbegängnis feierlich bestattet wurde.

Auf einer der Brücken der Loire, gegenüber, sagt Guêpin, dem Hotel zur Goldenen Kugel, errichtete man ihm ein Sühnmonument. Es war eine Nische, in der die *Gute Jungfrau-Spenderin der Milch* stand, die die Kraft besaß, den Ammen Milch zu geben; man brachte Butter dorthin und andere ländliche Gaben. Die Nische ist noch da, aber die Statue nicht mehr;

ebenso wie im Rathaus auch die Dose, die das Herz der Königin Anna enthielt, leer ist. Aber wir waren wenig neugierig, diese Dose zu sehen; wir haben nicht einmal an sie gedacht. Ich hätte mir lieber die Hose des Marschalls von Retz angesehen, als das Herz Frau Annas von der Bretagne; in der einen hat mehr Leidenschaft gesteckt als Größe im andern.

Kapitel V.

Das Feld von Carnac ist ein weiter Raum im flachen Lande, wo man elf Reihen schwarzer Steine sieht, die in symmetrischen Intervallen angeordnet sind, und in dem Maße, wie sie sich vom Meer entfernen, kleiner werden. Cambry behauptet, es seien viertausend, und Freminville hat zwölfhundert gezählt. Sicher ist, daß sie zahlreich sind.

Wozu war das gut? War es ein Tempel?

Eines Tages wurde der heilige Cornillus am Ufer von Soldaten verfolgt, und er hätte in den Schlund der Wogen stürzen müssen, als ihm der Gedanke kam, sie in ebensoviel Steine zu verwandeln, und die Soldaten wurden versteinert. Aber diese Erklärung taugt nur für die Tröpfe, die kleinen Kinder und die Dichter. Man suchte andere.

Im sechzehnten Jahrhundert hatte Olaus Magnus, der Erzbischof von Upsala (der in der Verbannung zu Rom über die Altertümer seiner Heimat ein Buch schrieb, das überall sehr geschätzt war, außer in seinem eigenen Lande, in Schweden, wo es keinen Übersetzer fand) entdeckt, „wenn die Steine eine einzige und lange gerade Linie bilden, so liegen Krieger darunter, die im Duelle kämpfend gefallen find; die im Viereck angeordnet sind, sind Helden geweiht, die in einer Schlacht umgekommen sind; die kreisförmig gelegten sind Familiengräber, und keilförmig oder winklig gelegte sind*Gräber von Reitern oder sogar Infanteristen, vor allem derer, deren Partei triumphiert hatte.*“ Das ist klar; aber Olaus Magnus hat uns zu sagen vergessen, wie man es anfangen muß, wenn man zwei Vettern begraben will, die im Duell zu Pferde einen Doppeltreffer getan haben. Das Duell wollte, daß die Steine gerade gelegt werden, das Familiengrab erforderte sie kreisförmig; da es sich aber um Reiter handelte, müßte man sie keilförmig ordnen, eine Vorschrift, die freilich nicht formell wäre, da man dieses System nur für die anwandte, „deren Partei triumphiert hatte“. O, wackerer Olaus Magnus! Ihr hattet also den Monte-Pulciano gar sehr lieb? Und wievieler Gläser hat es bedurft, um euch all diese schönen Dinge zu lehren?

Nach einem gewissen Doktor Borlase, einem Engländer, der in Cornwallis ähnliche Steine beobachtet hatte, „hat man dort Soldaten am Orte selbst begraben, wo sie gefallen sind“. Als ob man sie für gewöhnlich zum Kirchhof karrte! Und er stützt seine Hypothese aus diesen Vergleich: ihre Gräber sind in gerader Linie angeordnet, wie die Front eines Heeres in den Ebenen, die der Schauplatz irgendeiner großen Tat gewesen sind.

Dann suchte man bei den Griechen, den Ägyptern und Kochinchinesen! Es gibt ein Karnak in Ägypten, hat man sich gesagt, es gibt eins, in der Basse-Bretagne. Nun ist es wahrscheinlich, daß das Carnac von hier von dem Karnak von dort herrührt; es ist sicher! Denn da unten sind Sphinxe, hier Blöcke; auf beiden Seiten also ist Stein. Woraus folgt, daß die Ägypter (ein Volk, das nicht reiste) an diese Küste gekommen sind (deren Existenz ihnen unbekannt war), eine Kolonie dort gegründet haben (denn sie gründeten sonst nirgends welche) und daß sie diese blöden Statuen dort gelassen haben (sie, die deren so schöne machten), ein positives Zeugnis ihrer Reise (von der niemand redet).

Wer die Mythologie liebt, hat dort Herkulessäulen gesehen; wer die Naturgeschichte liebt, hat eine Darstellung der Schlange Pytho darin gesehen, denn nach Pausanias hieß auf der Straße von Theben nach Helisson ein Haufe ähnlicher Steine „*der Schlangenkopf*“, und „obendrein zeigen die Steine von Carnac Windungen wie eine Schlange“. Wer die Kosmographie liebt, hat einen Zodiakus gesehen. M. de Cambry zum Beispiel, der in diesen elf Steinreihen die zwölf Zeichen des Tierkreises wiedererkannt hat, „denn man muß wissen“, fügt er hinzu, „daß die alten Gallier nur elf Zeichen des Zodiakus hatten“.

Ferner hat ein Mitglied des Instituts vermutet, „dies könne sehr wohl die Begräbnisstätte der Veneter sein“, die Vannes bewohnten, sechs Stunden entfernt, und die, wie jedermann weiß, Venedig gründeten. Ein anderer hat geschrieben, diese guten Veneter, die von Caesar besiegt wurden, errichteten all diese Blöcke einzig im Geist der Demut und um Caesar zu ehren. Aber man war des Kirchhofs, der Schlange und Zodiakus müde; man begab sich auf die Suche und fand einen Druidentempel.

Die wenigen Dokumente, die wir haben, bei Plinius und Dio Cassius zerstreut, sagen einstimmig, die Druiden wählten für ihre Zeremonien düstere Orte, den tiefen Wald „und sein ungeheures Schweigen“. Daher hat auch – denn Carnac liegt am Meeresufer und in einer sterilen Landfläche, wo nie etwas anderes gewachsen ist als die Konjekturen dieser Herren – daher hat der erste Grenadier von Frankreich, der mir nicht sein erster

Mann von Geist gewesen zu sein scheint, als Vorgänger Pelloutiers und M. Mahés (Stiftsherren der Kathedrale von Vannes) geschlossen, „es sei ein Tempel der Druiden, in welchen man auch die politischen Versammlungen berufen haben sollte".

Aber damit war noch nicht alles abgetan, und man mußte dartun, wozu in der Bauflucht die leeren Räume dienten. „Suchen wir den Grund, was zu tun noch niemandem eingefallen ist," hat M. Mahé ausgerufen; und indem er sich auf einen Satz bei Pomponius Mela stützte: „Die Druiden lehren den Adel viele Dinge, die sie heimlich in Höhlen und in entlegenen Wäldern mitteilen;" und noch auf den folgenden bei Lukan: „Ihr bewohnt die hohen Wälder," stellte er auf, daß die Druiden nicht nur *die Heiligtümer* bedienten, sondern auch ihren Wohnsitz dort hatten und Kollegs dort hielten: „Da also das Monument von Carnac ein Heiligtum ist, wie es die gallischen Wälder waren (o Macht der Induktion! Wohin treibest du den Vater Mahé, Stiftsherrn von Vannes und Korrespondenten der landwirtschaftlichen Akademie von Poitiers!), so ist anzunehmen, daß die leeren Intervalle, die die Steinreihen durchschneiden, Häuserreihen enthielten, wo die Druiden mit ihren Familien und ihren zahlreichen Schülern wohnten, und wo die Häupter der Nation, die sich am Tage der großen Feier zum Heiligtum begaben, Wohnungen bereitet fanden." Die guten Druiden! Die ausgezeichneten Geistlichen! Wie man sie verleumdet hat, sie, die dort so ehrlich wohnten, mit ihren Familien und zahlreichen Schülern, und die sogar die Liebenswürdigkeit so weit trieben, daß sie für die Häupter der Nation Wohnungen bereiteten!

Aber schließlich ist ein Mann, ein Mann gekommen, durchdrungen vom Geiste der alten Dinge und voll Verachtung für die ausgetretenen Pfade.

Er, er hat die Reste eines römischen Lagers zu erkennen vermocht, und gerade eines Lagers von Cäsar, der diese Steine nur hatte errichten lassen, *um den Zelten seiner Soldaten als Stützpunkte zu dienen, und zu verhindern, daß sie vom Winde fortgetragen wurden*. Welche Stürme müssen ehemals an den Küsten von Armorika geherrscht haben!

Der ehrliche Literat, der sehr zum Ruhm des großen Julius diese erhabene Vorsicht wiederfand (und Cäsar so zurückgab, was Cäsar nie gehört hat), war ein ehemaliger Zögling des Polytechnikums, ein Artilleriehauptmann, der Sieur de la Sauvagere.

Der Haufe all dieser witzigen Einfälle bildet, was man die *keltische Archäologie* nennt, deren Arkana wir sofort enthüllen wollen.

Ein Stein, der auf andere gelegt ist, heißt ein *Dolmen*, ob er horizontal oder senkrecht stehe. Eine Ansammlung aufrechtstehender Steine, die oben durch aneinanderschließende Platten gedeckt sind und so eine Reihe von Dolmens bilden, ist eine *Feengrotte*, ein *Feenstein*, ein *Teufelstisch* oder *Riesenschloß*; denn gleich jenen Bürgern, die einem einen und denselben Wein unter verschiedenen Etiketten vorsetzen, haben die Keltomanen, die einem fast nichts anzubieten haben, dieselben Dinge mit mancherlei Namen verziert.

Wenn diese Steine, ohne Hut auf den Ohren, elliptisch angeordnet sind, so muß man sagen: das ist ein *Kromlech*; wenn man einen Stein horizontal über zwei vertikale gelegt sieht, hat man es mit einem *Lischawen* oder einem *Trilithen*zu tun. Bisweilen sind zwei enorme Blöcke so übereinander gelegt, daß sie sich nur an einem einzigen Punkte berühren, und man liest in den Büchern, „sie sind so ausbalanziert, daß der Wind genügt, den oberen Block in merkliche Schwingungen zu versetzen", eine Behauptung, die ich nicht bestreite, wenn ich auch gegen den keltischen Wind ein wenig Mißtrauen hege, und obgleich diese angeblich zitternden Steine gegen all die wütenden Fußtritte, die ich ihnen zu verabreichen frei genug gewesen bin, unerschütterlich blieben; sie heißen dann *rollende* oder *gerollte Steine*, *gewendete*oder *versetzte Steine*, *Steine, die tanzen*, oder *tanzende Steine*, *Steine, die kreisen*, oder *kreisende Steine*. Es bliebe mir noch übrig, bekannt zu machen, was ein *Richtstein* ist, ein *fester Stein*, was man unter einem *hohem Markstein* versteht, einem *Lattenstein* und einem *Milchstein*, worin sich ein *Schmelzstein* von einem *Gußstein* unterscheidet, und welche Beziehungen zwischen einem *Teufelsstuhl* und einem *geraden Stein* existieren; worauf man allein ebensoviel wüßte, wie nur je Pelloutier, Deric, Latour d'Auvergne, Penhoët und andere zusammen gewußt haben, vermehrt noch um Mahé und verstärkt durch Fréminville. Man vernehme also, daß all das einen *Pöllwan* bezeichnet, sonst auch *Men-Hir* genannt, und nichts bedeutet als einen mehr oder minder großen Grenzstein, der ganz allein mitten auf den Feldern steht.

Ich hätte fast die *Tumuli* vergessen! Die, welche zugleich aus Fels und Erde bestehen, heißen im hohen Stil *Barrows*, und die einfachen Kieselhaufen *Galgals*.

Man hat behauptet, die *Dolmen* und die *Trilithen* seien Altäre, wenn sie keine Gräber seien, die *Feensteine* seien Versammlungsorte oder Gräber, und die Kirchenvorstände zur Zeit der Druiden traten in den Kromlechs zusammen. M. de Cambry hat in den *Zittersteinen* Embleme der schwebenden Welt gesehen. Die *Barrows* und *Galgals* sind ohne Zweifel Gräber gewesen; und was die *Men-Hirs* angeht, so hat man den guten Willen so weit getrieben, eine Form an ihnen finden zu wollen, aus der man auf die Herrschaft eines ithyphallischen Kults in der Basse-Bretagne geschlossen hat. O, keusche Schamlosigkeit der Wissenschaft, du achtest nichts, nicht einmal die *Pöllwans*!

(Eine Träumerei kann uns, und mag sie noch so unbestimmt sein, zu prachtvollen Schöpfungen führen, wenn sie von einem festen Punkt ausgeht. Dann schlägt die Phantasie gleich einem Hippogryphen, der auffliegt, den Boden mit allen Füßen und zieht in gerader Linie zu den unendlichen Räumen. Aber wenn sie sich in einem der Plastik baren und von der Beschichte entblößten Gegenstand verbeißt und versucht, eine Wissenschaft daraus zu ziehen und eine Welt neu zusammenzusetzen, so bleibt sie selber noch unfruchtbarer und ärmer als dieser blöde Stoff, in dem die Eitelkeit der Schwätzer eine Form finden und der sie eine Geschichte geben will.

Um wieder auf die Steine von Carnac zu kommen (oder vielmehr, um sie zu verlassen): wenn man mich nach so vielen Ansichten fragt, welche meine sei, so werde ich eine unwiderlegliche, unabweisbare, unwiderstehliche aussprechen, eine Ansicht, die die Zelte M. de la Sauvagères zum Weichen und den Ägypter Penhoët zum Erbleichen bringen müßte, die Cambrys Zodiakus zerbräche, und die Schlange Pytho in tausend Stücke zerhackte. Und diese Ansicht ist: die Steine von Carnac sind große Steine ...

... Wir kehrten also in das Gasthaus zurück, wo wir, von unserer Wirtin bedient, die große blaue Augen hatte, feine Hände, für die man viel zahlen würde, und ein liebliches Gesicht von klösterlicher Scham, mit gutem Appetite aßen, den unser fünfstündiger Marsch geschaffen hatte. Es war noch nicht Nacht zum Schlafen, man sah nicht mehr genug, um irgend etwas zu tun, und so gingen wir in die Kirche.

Sie ist klein, obgleich sie Haupt- und Seitenschiffe hat wie eine große Dame von einer Stadtkirche. Dicke Steinpfeiler, stämmig und kurz, tragen ihre Wölbung aus blauem Holz, von der kleine Fahrzeuge niederhängen, in den Stürmen versprochene Ex-votos. Die Spinnen laufen auf ihren Segeln, und der Staub bringt ihre Taue in Verwesung.

Man las keine Messe, die Thorlampe brannte einsam in ihrem Napf gelben Öls, und oben im Dunkel der Wölbung ließen die nicht geschlossenen Fenster zugleich mit dem Geräusch des Windes, der die Bäume bog, breite weiße Strahlen einbringen. Ein Mann kam, rückte die Stühle zurecht, steckte zwei Kerzen in die an den Pfeiler genagelten eisernen Armleuchter, und zog eine Art Tragbahre mit Füßen in die Mitte, deren schwarzes Holz große weiße Flecken zeigte. Weitere Leute kamen in die Kirche, ein Priester im Chorhemd schritt vor uns vorüber; man hörte das Geräusch von Glöckchen, die von Zeit zu Zeit inne hielten und wieder begannen, und die Kirchentür wurde weit geöffnet. Der ruckweise Ton der kleinen Glocke mischte sich mit einem andern, der ihm antwortete, und alle beide näherten sich und wurden lauter und ließen ihre trockenen, kupfernen Schläge rascher gehen.

Ein von Ochsen gezogener Karren erschien auf dem Platz und machte vor dem Portal halt. Ein Toter lag darauf. Seine bleichen und schweren Füße staken wie heller Alabaster aus dem weißen Tuch heraus, das ihn in jene unbestimmte Form hüllte, wie sie alle Leichen im Kostüm haben. Die Menge, die sich gesammelt hatte, schwieg. Die Männer blieben barhaupt; der Priester schüttelte seinen Weihwedel und murmelte Gebete, und die zusammengekoppelten Ochsen bewegten langsam den Kopf, so daß ihr schweres ledernes Joch knarrte. Die Kirche, in deren Hintergrund ein Stern erglänzte, öffnete ihren weiten, schwarzen Schatten, den von draußen das grüne Licht der regnichten Dämmerungen zurücktrieb, und das Kind, das auf der Schwelle leuchtete, hielt stets die Hand um seine Kerze, damit der Wind sie nicht verlöschte.

Man zog ihn vom Karren herunter; sein Kopf stieß gegen die Deichsel. Man trug ihn in die Kirche, man legte ihn auf die Bahre. Eine Flut von Männern und Frauen folgte. Man kniete auf dem Pflaster, die Männer nahe bei dem Toten, die Frauen ferner, nach der Tür zu, und der Dienst begann.

Er dauerte nicht lange, wenigstens für uns, denn die leisen Litaneien summten schnell hin, übertönt von Zeit zu Zeit durch ein schwaches Schluchzen, das unten im Hauptschiff unter den schwarzen Kapuzen hervorklang. Mich streifte eine Hand, und ich trat zurück, um eine gebeugte Frau vorbei zu lassen. Die Fäuste auf die Brust gepreßt, das Gesicht gesenkt, ging sie vorwärts, ohne die Füße zu bewegen, versuchte sie zu blicken, zitterte zu sehen und trat zu der Linie von Lichtern, die an der Bahre entlang brannten. Langsam, langsam, und indem sie den Arm hob, als wolle sie sich darunter verbergen, wandte sie den Kopf zur Ecke ihrer Schulter und fiel kraftlos auf einen Stuhl, tot und matt wie ihre Kleider selber.

Beim Licht der Kerzen konnte ich ihre starren Augen in den roten Lidern sehen, rotgestreift wie von einem heftigen Brand, und ihren blöden, zusammengeschrumpften Mund, der vor Verzweiflung klapperte, und ihr ganzes armes Gesicht, das wie ein Gewitterguß weinte.

Es war ihr Mann, der auf dem Meer verloren war, und den man am Strande wiedergefunden hatte und sofort begraben wollte.

Der Kirchhof stieß an die Kirche. Man ging durch eine Seitentür hinüber, und dort nahmen alle ihre Stellung wieder ein, während man den Toten in der Sakristei in seinen Sarg hineinnagelte. Ein feiner Regen befeuchtete die Luft; es ging schwer, und die Gräber, die noch nicht fertig waren, warfen nur mit Mühe die schwere Erde auf, die auf ihren Spaten klebte. Im Hintergrunde hatten die Frauen, die im Grase knieten, ihre Kapuzen abgenommen, und ihre großen weißen Hauben, deren gestärkte Schleifen sich im Winde hoben, sahen von fern aus wie ein großes Leichentuch, das sich von der Erde hebt und wellt.

Der Tote erschien wieder, die Gebete begannen neu, das Schluchzen ertönte wie vorher. Man hörte es durch das Geräusch des fallenden Regens.

Neben uns hörte man in gleichmäßigen Abständen eine Art erstickten Glucksens, das einem Lachen glich. Wenn man es irgendwo sonst gehört hätte, hätte man es für den unterdrückten Ausbruch einer heftigen Freude oder für den bezwungenen Paroxysmus eines Glücksdeliriums gehalten. Es war die weinende Witwe. Dann trat sie an den Rand, tat wie die anderen, und allmählich nahm die Erde ihr Niveau wieder ein, und alle gingen davon.

Als wir auf die Treppe des Kirchhofs traten, sagte ein junger Mensch, der neben uns vorbeiging, französisch zu einem andern: „Zum Henker, stank er! Er war fast ganz verwest! Bei den drei Wochen, die er im Wasser liegt, ist's auch kein Wunder!" ...

... Eines Morgens jedoch machten wir uns wie die anderen Morgende auf; wir schlugen denselben Pfad ein, gingen durch die Rüsterhecke und über den Wiesenhang, wo wir am Abend zuvor ein kleines Mädchen seine Rinder hatten zur Schwemme treiben sehen; aber es war vielleicht der letzte Tag und das letzte Mal, daß wir dort vorüberkamen.

Ein sumpfiges Terrain, in dem wir bis zu den Knöcheln einsanken, erstreckt sich von Carnac bis zu dem Dorf Pô. Ein Boot erwartete uns; wir stiegen hinein; man stieß mit dem Ruder ab und man hißte das Segel.

Unser Bootsmann, ein Greis mit lustigem Gesicht, befestigte am Dollenbord eine Angelschnur, um Fische zu fangen und ließ seine Barke ruhig dahinziehn. Es war kaum Wind vorhanden; das ganz blaue Meer zeigte keine Furche und bewahrte die schmale Spur des Steuerruders lange Zeit.

Der gute Mann schwätzte; er sprach uns von den Priestern, die er nicht liebt, vom Fleisch, das ein gutes Essen ist, selbst an Fastentagen, von der Mühe, die er im Dienst gehabt, von den Flintenschüssen, die er als Grenzwächter erhalten hatte … Wir fuhren sachte dahin, die gespannte Angel folgte immer und das Ende des Beisegels schleifte im Wasser.

Die Meile, die uns von Saint-Pierre nach Quiberon zu Fuß zu machen blieb, wurde trotz eines bergigen Weges durch Sand, trotz der Sonne, unter der uns die Riemen unserer Tornister auf den Schultern knarrten und einer Menge von *Men-Hirs*, die auf den Feldern standen, ohngeachtet, rasch zurückgelegt.

Zu Quiberon frühstückten wir bei dem alten Rohan Belle-Isle, der das Hotel Penthièvre führt. Dieser Edelmann ging in Anbetracht der Hitze in seinen Schuhen barfuß und stieß mit einem Maurer an, was nicht hindert, daß er der Abkömmling einer der ersten Familien Europas ist; ein Adliger aus altem Geschlecht! Ein echter Adliger, so wahr Gott lebt! Und er hat uns sofort Hummer kochen lassen und uns selber Beefsteaks geschlagen.

Die Vergangenheit Quiberons läßt sich in ein Blutbad zusammenfassen. Seine seltenste Kuriosität ist ein Kirchhof; er ist voll, er läuft über, er sprengt die Mauern und tritt auf die Straße hinaus. Die aufgeschichteten Steine zerstoßen sich an den Kanten, steigen übereinander, bedrängen sich, tauchen sich unter und vermengen sich, als ob es den Toten dort unten zu eng würde und sie ihre Schultern höben, um aus ihren Gräbern herauszukommen. Man könnte von einem versteinerten Ozean reden, dessen Wogen diese Gräber sind und in dem die Kreuze die Masten der verlorenen Schiffe wären.

In der Mitte nimmt ein großes, ganz offenes Beinhaus die Skelette derer auf, die man ausgräbt, um den anderen Platz zu machen. Von wem stammt doch der Gedanke: das Leben ist ein Gasthof, das Grab das Haus? Die hier bleiben nicht in ihrem, sie sind nur seine Mieter, und am Schluß der Pacht verjagt man sie daraus. Um dieses Beinhaus, in dem dieser Knochenhaufe einem Wirrwarr von Reisigbündeln gleicht, ist in Manneshöhe eine Reihe von kleinen schwarzen Schachteln angebracht, jede sechs Zoll im Kubik, bedeckt mit einem Dach, über dem ein Kreuz steht, und an der äußeren Seite mit einem herzförmigen Loch, das drinnen einen Totenkopf sehen läßt. Über dem Herzen liest man: „Dies ist das Haupt des …, gestorben im Jahre … am …“ Diese Köpfe haben nur Leuten von einem gewissen Range gehört, und man würde als schlechter Sohn gelten, wenn man dem Schädel seiner Eltern am Schluß von sieben Jahren nicht den Luxus dieses kleinen

Sarges gäbe. Den Rest des Körpers wirft man ins Beinhaus; fünfundzwanzig Jahre darauf wirft man auch den Kopf hinein. Vor ein paar Jahren hat man diese Sitte abschaffen wollen. Es gab einen Aufstand, sie blieb.

Es kann übel sein, so mit diesen runden Kugeln zu spielen, die den Gedanken enthalten haben, mit diesen leeren Kreisen, in denen die Liebe schlug. Alle diese Kästen am Beinhaus hin auf den Gräbern, im Gras, an der Mauer, durcheinander, können manchen furchtbar erscheinen, anderen lächerlich; aber dies schwarze Holz, das in dem Maße, wie die Knochen, die es einschließt, bleichen und zerbröckeln, fault; diese Köpfe, die einen mit ihrer zernagten Nase, den hohlen Augenpfannen und ihrer Stirne, die stellenweis vom klebrigen Streif der Schnecken glänzt, ansehen; diese dort wie in den großen Knochenhäusern der Bibel aufgehäuften Schenkel; diese Schädeltrümmer, die voller Erde rollen, und in denen bisweilen wie in einem Porzellantopf eine Blume gewachsen ist, die durch die Augenlöcher heraustritt; ja, selbst die Vulgarität dieser Inschriften, die einander gleich sind wie die Toten, die sie nennen; diese ganze menschliche Verwesung, so angeordnet, ist uns recht schön erschienen und hat uns ein solides und gutes Schauspiel verschafft.

Wenn die Post von Auray dagewesen wäre, wären wir gleich nach Belle-Isle aufgebrochen; aber man wartete auf die Post von Auray. In der Küche der Herberge saßen im Hemd und mit nackten Armen die Schiffer für die Überfahrt und geduldeten sich, indem sie einen Schoppen tranken.

– „Um welche Stunde kommt sie denn, die Post aus Auray?"

– „Das kommt drauf an; gewöhnlich um zehn," antwortete der Schaluppenführer.

– „Nein, um elf," sagte ein anderer.

– „Um zwölf," meinte M. de Rohan.

– „Um eins."

– „Um halb zwei."

– „Oft ist sie vor zwei noch nicht da."

– „Sie kommt nicht so regelmäßig."

Davon waren wir überzeugt; es war drei.

Vor der Ankunft dieses unseligen Kuriers, der die Depeschen des Festlandes für Belle-Isle bringt, konnte man nicht aufbrechen. Es galt, sich darin zu ergeben. Man trat vor die Tür, man blickte auf die Straße, man ging wieder hinein und trat wieder hinaus. „Ah! Er wird heut nicht mehr kommen. – Er wird unterwegs geblieben sein. – Können weggehn. – Nein, laßt uns warten. – Wenn diese Herren sich schließlich zu sehr langweilen ... – Wenn man's überlegt, vielleicht sind keine Briefe da? – Nein, noch eine kleine Viertelstunde. – Ah! Da ist er!" Er war nicht da, und das Gespräch begann von neuem.

Schließlich ein müder Pferdetrab, der Feuer schlägt, ein Geklingel von Glöckchen, ein Peitschenknall, ein Mensch, der ruft: „Holla! He! Die Post! Die Post!"

Das Pferd blieb scharf vor der Tür stehen, drückte den Buckel ein, dehnte den Hals, streckte die Schnauze vor, indem es die Zähne zeigte, stellte die Hinterbeine auseinander und hob sich in den Kniekehlen.

Der Gaul war hoch, krummbeinig, knochig, hatte kein Haar in der Mähne, abgelaufene Hufe, lose Eisen; derSchwanzriemen rieb ihm den Schwanz auf; ein Geschwür sprang ihm auf der Brust. In einem Sattel verloren, der ihn verschlang, hinten von einem Felleisen festgehalten, vorn von der großen Tasche mit den Briefen, die durch den Sattelbogen geschoben war, hielt sich ein Reiter, der darauf hockte, wie ein Affe kauernd. Sein kleines Gesicht mit den wenigen blonden Haaren verschwand, runzlig und zusammengeschrumpft wie ein Reinettenapfel, unter einem filzgefütterten Wachstuchhut; eine Art Paletot aus grauem Zwillich ging ihm bis zu den Hüften hinauf und umgab ihm den Bauch mit einem Kreis aufgenommener Falten, während ihm die Hose ohne Strippe, die heraufrutschte, an den Knien saß und seine von der Reibung der Steigbügelriemen geröteten Waden mit den auf den Rand der Schuhe herabgeglittenen blauen Strümpfen sehen ließ. Bindfäden hielten das Geschirr des Tieres zusammen, das Gewand des Reiters war mit schwarzen oder roten Fadenenden geflickt; Flicken in jeder Farbe, Risse in jeder Form, Tuch in Fetzen, fettiges Leder, getrockneter Kot, frischer Staub, hängende Schnüre, glänzende Lumpen, Schmutz auf dem Menschen, die Krätze auf dem Tier, der eine armselig und schwitzend, das andere hektisch und keuchend, der erste mit seiner Peitsche, das zweite mit seinen Glöckchen; all das ergab nur ein und dasselbe Etwas, zeigte denselben Ton und dieselbe Bewegung, führte fast dieselben Gesten aus, diente demselben Zweck, dessen Gesamtheit sich die Post von Auray nennt.

Nach Verlauf von noch einer Stunde, als man im Ort eine Menge von Paketen und Aufträgen gesammelt hatte, und als man außerdem noch auf mehrere Passagiere gewartet hatte, die Kommen wollten, verließ man schließlich die Herberge und man dachte daran, sich einzuschiffen. Zunächst gab es ein Durcheinander von Gepäck und Leuten, von Rudern, die einem die Beine versperrten, von Segeln, die einem auf die Nase fielen; der eine bedrängte den andern und fand keinen Platz, wohin er sich setzen konnte; dann beruhigte sich alles, jeder nahm seinen Winkel ein, fand seinen Platz, das Gepäck auf dem Boden, die Schiffer auf den Bänken stehend, die Passagiere, wo sie konnten.

Kein Windhauch blies, und die Segel hingen gerade an den Masten herunter. Die schwere Schaluppe hob sich kaum auf dem fast regungslosen Meer, das mit der leisen Bewegung einer eingeschlafenen Brust schwoll und sank.

Gegen eins der Dollborde gestützt, blickten wir aufs Wasser, das blau war wie der Himmel und ruhig wie er, und wir lauschten auf das Geräusch der großen Ruder, die die Flut schlugen und in den Dollen knarrten. Im Schatten der Segel hoben die sechs Ruderer sie langsam im Takt und stießen sie vor sich her; sie fielen und erhoben sich wieder, indem sie am Ende ihrer Blätter Perlen fallen ließen.

Im Stroh auf dem Rücken liegend, auf den Bänken sitzend, mit den Beinen schlenkernd und das Kinn in den Händen, oder gegen die Wände des Bootes gelehnt, zwischen den Rippenpfosten, deren Teer in der Mitte schmolz, senkten die schweigenden Passagiere den Kopf und schlossen die Augen gegen den Glanz der Sonne, die auf das spiegelglatte Meer schlug.

Ein Mann in weißem Haar schlief mir zu Füßen am Boden, ein Gendarm schwitzte unter seinem Dreispitz, zwei Soldaten hatten ihre Tornister abgenommen und sich darauf gelegt. Nah beim Bugspriet blickte der Schiffsjunge in die Fock und pfiff, um den Wind zu rufen; hinten stand der Schaluppenführer und wendete die Ruderpinne.

Der Wind kam nicht. Man nahm die Segel nieder, die ganz glatt heruntersanken, indem sie das Eisen der Bügel klingen ließen und ihre schwere Leinwand auf die Bänke schmiegten; dann zogen all die Schiffer ihre Westen aus, stopften sie in den Bug und begannen von neuem, indem sie mit Brust und Armen schoben, die ungeheuren Ruder zu bewegen, die sich in ihrer Länge bogen ...

… Wir waren so spät abgefahren, daß kaum noch Wasser im Hafen war, und nur mit großer Mühe kamen wir hinein. Unser Kiel streifte auf den kleinen Kieseln des Bodens hin, und um an Land zu steigen, mußten wir wie auf dem Drahtseil auf einem Ruder gehen.

Zwischen die Zitadelle und seine Wälle eingeklemmt, und von einem fast leeren Hafen mitten durchschnitten, erschien uns le Palay als eine ziemlich dumme, kleine Stadt, die Garnisonslangeweile ausschwitzt, und ich weiß nicht was von einem gähnenden Unteroffizier hat.

Hier sieht man nicht mehr die niedrigen schwarzen Filzhüte des Morbihan mit ihren ungeheuren Rändern, die die Schultern beschatten. Die Frauen tragen nicht mehr jene großen weißen Hauben, die, wie bei den Nonnen, über ihr Gesicht hinausstehen und hinten bis zur Mitte des Rückens niederfallen und den kleinen Mädchen so den halben Körper bedecken. Ihre Kleider sind der großen Sammetborte auf der Schulter beraubt, die den Umriß des Schulterblatts beschreibt und sich unter den Achselhöhlen verliert. Auch ihre Füße tragen nicht mehr jene offenen Schuhe, mit runder Spitze und mit hohem Absatz, besetzt mit langen schwarzen Bändern, die den Boden streifen. Man sieht, wie überall, Gesichter, die sich gleichen, Kostüme, die nicht hergehören, Ecksteine, Pflaster und sogar ein Trottoir.

Lohnte es sich der Mühe, sich der Seekrankheit ausgesetzt zu haben, die uns übrigens nicht lästig gefallen war, was uns nachsichtig machte, nur, um die Zitadelle betrachten zu können, um die wir uns sehr wenig kümmerten, den Leuchtturm, der uns noch weniger beunruhigte, oder den Wall Baubaus, der uns bereits langweilte? Aber man hatte uns von den Felsen auf Belle-Isle gesprochen. Sofort also zogen wir zu den Toren hinaus, schritten quer über die Felder und wandten uns zur Meeresküste.

Wir sahen nur eine Grotte, eine einzige (der Tag ging zur Neige), aber sie schien uns so schön (sie war mit Seetang und Muscheln verkleidet, und von oben fielen Wassertropfen nieder), daß wir beschlossen, den folgenden Tag auf Belle-Isle zu bleiben, um noch ähnliche zu suchen, wenn es welche gab, und uns die Augen in Muße am Festmahl all dieser Farben zu sättigen.

Am folgenden Morgen also füllten wir, sobald es hell wurde, eine umflochtene Flasche, steckten in einen unserer Tornister ein Stück Brot und eine Schnitte Fleisch, nahmen den Schlüssel zu den Feldern und machten uns ohne Führer noch irgendwelche Auskunft (das ist die rechte Art) auf den Marsch, entschlossen, einerlei wohin zu gehen, wenn es nur weit war, und einerlei, wann nach Hause zu kommen, wenn es nur spät war.

Wir begannen mit einem Pfad im Gras; er folgte dem Rand der Klippe, stieg auf ihre Spitzen, senkte sich in ihre Täler und lief auf ihr fort, indem er wie ein Kreis um die Insel führte.

Als ihn ein Erdrutsch abgeschnitten hatte, stiegen wir weiter ins Land hinein und, indem wir uns nach dem Horizont des Meeres richteten, dessen blauer Streif den Himmel berührte, kehrten wir alsbald zur Höhe des Kammes zurück, den wir unversehens zu unseren Seiten zum Abgrund geöffnet fanden. Der senkrechte Absturz, auf dessen Gipfel wir hingingen, ließ uns nichts von der Seite der Felsen sehen; wir hörten nur unter uns das laute, schlagende Geräusch des Meeres.

Bisweilen öffnete sich die Klippe in ihrer ganzen Größe, zeigte plötzlich ihre beiden fast senkrechten Flächen, die Kieselschichten durchzogen, und an denen kleine gelbe Büschel gewachsen waren. Wenn man einen Stein hinabwarf, schien er eine Zeitlang in der Schwebe zu hängen, dann stieß er an die Wände, sprang aufschlagend weiter, zerbrach in Splitter, brachte Erde ins Rollen, riß Kiesel mit und beendete seine Fahrt, indem er sich im Kies einbohrte; und man hörte die Raben krächzen, die davonflogen.

Oft hatten Gewitterregen und Schneeschmelze in diese Schluchten einen Teil des oberen Erdreichs hinabgejagt, das sich dort stufenweise hingelagert und das Gefälle so weit gemildert hatte, daß man hinunterkommen konnte. Wir wagten uns in eine davon hinein, ließen uns auf dem Hintern gleiten, indem wir mit den Füßen bremsten und uns mit den Händen zurückhielten, und kamen schließlich unten auf dem schönen nassen Sande an.

Das Meer ebbte, aber um entlang zu laufen, mußte man auf das Zurückweichen der Wogen warten. Wir sahen ihnen zu, wenn sie kamen. Sie schäumten in den Felsen zwischen Wind und Wasser, wirbelten in den Hollen, sprangen wie fliegende Bänder, fielen in Kaskaden und Perlen zurück und führten ihre große grüne Fläche in einem langen Wiegen zum Meere zurück. Wenn eine Woge auf dem Sande zurückgewichen war, dann kreuzten sich alsbald die Bächlein, die zu den niedrigeren Stellen flohen. Der Seetang bewegte seine klebrigen Streifen, das Wasser nahm kleine Kiesel mit, wenn es durch die Spalten der Felsen heraustrat, machte tausend plätschernde Geräusche, bildete tausend Strahlen. Der nasse Sand trank seine Welle und bleichte, in der Sonne trocknend, seinen gelben Ton.

Sobald für unsere Füße Platz war, sprangen wir über die Felsen und setzten unseren Weg fort. Bald wurde ihr wirres Geschiebe voller: sie lagen übereinander gerüttelt, gehäuft und geschleudert. Wir klammerten uns mit den abgleitenden Händen an, und mit den Füßen, die sich vergebens an ihre klebrig rauhen Flächen anschmiegten.

Die Klippe war hoch, so hoch, daß man fast Furcht hatte, wenn man den Kopf hob. Sie zermalmte mich mit ihrer furchtbaren Ruhe, und sie entzückte uns dennoch; denn man betrachtete sie unwillkürlich doch, und die Augen ließen nicht von ihr ab.

Es flog eine Schwalbe vorbei; wir blickten ihr nach; sie kam vom Meere; sie stieg sacht, indem sie mit der Schneide ihrer Federn die flüssige und leuchtende Luft durchschnitt, in der ihre Flügel offen schwammen und es zu genießen schienen, daß sie sich ganz frei entfalten konnten. Sie stieg noch immer, strich Über die Klippe hin, stieg weiter und verschwand.

Unterdessen krochen wir über die Felsen weiter, deren jede Wendung in der Küste uns eine neue Perspektive öffnete. Sie waren mitunter auf Momente unterbrochen, und dann gingen wir auf viereckigen, wie Fliesen flachen Steinen, in denen fast symmetrisch sich hinziehende Spalten wie die Gleise der alten Straße einer anderen Welt erschienen.

Von Zeit zu Zeit dehnten sich, regungslos wie ihr grünlicher Grund, große Wasserlachen aus, die ebenso durchsichtig, ebenso ruhig waren und sich nicht mehr bewegten als im tiefen Walde, auf ihrem Kressebett im Schatten der Weiden die reinste Quelle; dann stellten sich die Felsen wieder enger, aufgetürmter entgegen. Auf der einen Seite lag das Meer, dessen Wogen in die untersten Felsen sprangen; auf der andern die senkrechte, jähe, unersteigbare Küste.

Ermüdet, betäubt suchten wir einen Ausgang; aber immer weiter zog sich die Klippe vor uns hin, und die Felsen, die ihre finsteren Massen des Grüns bis ins Unendliche dehnten, ließen von einem zum andern ihre unregelmäßigen Köpfe folgen, die größer wurden, indem sie sich vervielfältigten, schwarzen Phantomen gleich, die von unter der Erde stiegen.

So zogen wir aufs Geratewohl weiter, als wir plötzlich, sich im Zickzack in den Felsen schlängelnd, eine Schlucht erblickten, die uns erlaubte, wie auf einer Leiter in das flache Land hinaufzusteigen …

… Einerlei, es ist stets ein Vergnügen, selbst, wenn das Land häßlich ist, zu zweit quer hindurchzuziehen, indem man auf dem Grase geht, durch

Hecken kriecht, über Gräben springt, mit seinem Stock die Disteln köpft und mit der Hand Blätter und Ähren abreißt, indem man aufs Geratewohl hinläuft, wie einen der Gedanke treibt, wie einen die Füße tragen, indem man singt, pfeift, plaudert, träumt, ohne ein Ohr, das auf einen hört, ohne das Geräusch von Schritten hinter seinen Schritten, frei wie in der Wüste.

Ah! Luft! Luft! Noch mehr Raum! Da unsere ringenden Seelen ersticken und am Rande des Fensters hinsterben, da unsere gefangenen Geister sich wie der Bär in seiner Grube stets um sich selbst drehen und sich an ihren Mauern stoßen, so gebt wenigstens unseren Nasen den Duft aller Winde der Erde, laßt meine Augen in alle Horizonte schweifen!

Kein Kirchturm zeigte in der Ferne sein glänzendes Schieferdach, kein Weiler erschien im Tale einer Erdfalte, wo er seine Strohdächer und seine viereckigen Höfe in eine Gruppe von Bäumen hüllte; man begegnete niemandem, keinem Bauern, der vorüberzog, keinem Schaf, das weidete, keinem Hund, der umherschweifte.

All diese bebauten Felder sahen nicht aus, als würden sie bewohnt; man arbeitet dort, man lebt dort nicht. Man möchte sagen, all die, die sie besitzen, nutzen sie aus, aber lieben sie nicht.

Wir haben einen Pachthof gesehen und sind hineingetreten; eine Frau in Lumpen setzte uns in Steinguttassen Milch vor, die frisch war wie Eis. Es herrschte eine eigentümliche Stille. Sie blickte uns gierig an, und wir sind wieder aufgebrochen.

Wir sind in ein Tal hinabgestiegen, dessen enger Schlund sich bis zum Meere zu dehnen schien. Hohe Kräuter mit gelben Blüten stiegen uns bis zum Bauch. Wir drangen mit großen Schritten vor. Wir hörten neben uns Wasser fließen und sanken in sumpfigen Boden ein. Die beiden Hügel traten auseinander und trugen immerfort ein kurzes Gras auf ihren trockenen Hängen, die von Zeit zu Zeit wie große gelbe Flecken Flechten unterbrachen. Am Fuß des einen floß ein Bach durch die niederen Zweige der verkrüppelten Büsche, die auf seinen Ufern gewachsen waren, und verlor sich weiterhin in einem regungslosen Tümpel, wo Insekten mit langen Beinen auf den Blättern der Wasserrosen gingen.

Die Sonne brannte. Die Mücken summten mit den Flügeln und beugten die Binsen unter dem Gewicht ihrer leichten Körper. Wir beiden waren allein in der Ruhe dieser Einsamkeit.

An dieser Stelle rundete sich das Tal, indem es weiter wurde, und bildete ein Knie. Wir stiegen auf eine Höhe, um dahin zu sehen; aber der Horizont brach, von einem weiteren Hügel eingeschlossen, rasch ab, oder er dehnte neue Ebenen. Wir faßten jedoch Mut und setzten unsern Marsch fort, obgleich wir an jene auf den Inseln zurückgebliebenen Reisenden dachten, die auf die Vorgebirge klettern, um in der Ferne ein Segel zu sehen, das auf sie zukommt.

Das Terrain wurde trockener, die Kräuter weniger hoch; plötzlich zeigte sich das Meer vor uns, eingeengt in eine schmale Bucht, und bald begann ihr Strand aus Madreporen und Muscheltrümmern unter unseren Schritten zu knirschen. Wir ließen uns zu Boden fallen, wir schliefen ein, von Ermüdung erschöpft. Eine Stunde darauf, von der Kälte geweckt, machten wir uns wieder auf den Marsch, diesmal gewiß, uns nicht zu verirren; mir waren auf dem Ufer, das nach Frankreich blickte, und hatten le Palay zu unserer Linken. Auf diesem Ufer hatten wir am Abend vorher die Grotte gesehen, die uns so entzückt hatte. Wir fanden bald mehr davon, höhere und tiefere.

Sie öffneten sich stets mit großen senkrechten oder geneigten Spitzbogen, die ihr kühnes Stabwerk über ungeheure Felsflächen warfen. Schwarz, und violett geädert, feuerrot, braun mit weißen Linien, entfalteten sie für uns, die sie zu sehen kamen, alle Mannigfaltigkeiten ihrer Töne und Formen, ihre Reize und ihre grandiosen Phantasien. Eine war silberfarben und von Blutadern durchzogen; in einer andern waren Blütenbüschel, die Primeln glichen, auf den rötlichen Granitwänden erblüht, und von der Decke fielen auf den seinen Sand langsame Tropfen nieder, die immer von neuem begannen. Im Hintergrunde der einen schien unter einem länglichen Gewölbe ein Bett weißen und blanken Kieses, das die Flut ohne Zweifel jeden Tag wendete und neu machte, da zu sein, um den Leib der Najade aus den Wogen zu empfangen; aber ihr Lager ist leer und hat sie für immer verloren! Nur dieser noch feuchte Seetang bleibt, wo sie die schönen, nackten, vom Schwimmen ermüdeten Glieder ausstreckte, und auf denen sie bis zum Morgen im Mondschein schlief.

Die Sonne ging unter. Die Flut stieg unten auf die Felsen, die im blauen Abendnebel verschwammen, den auf der Fläche des Meers der Schaum der rückprallenden Wogen bleichte; auf der andern Seite des Horizontes sah der von langen Orangelinien gestreifte Himmel aus wie von großen Windstößen gefegt. Sein auf den Wogen reflektiertes Licht vergoldete sie mit schimmernder Wellung es traf den Sand und machte ihn braun und ließ darüber eine Stahlsaat glänzen.

Eine halbe Stunde nach Süden streckte die Küste eine Felsenreihe ins Meer. Um zu ihr zu kommen, mußten wir von neuem einen ähnlichen Marsch beginnen, wie wir ihn morgens gemacht hatten. Wir waren müde, es war weit; aber uns zog eine Versuchung dort unten hin, hinter diesen Horizont. Der Windhauch kam in die Höhlung der Steine; die Wasserlachen furchten sich; die Algen, die an den Flanken der Klippen hingen, erzitterten, und auf der Seite, wo der Mond erscheinen wollte, stieg eine Blässe von unter dem Wasser herauf.

Es war die Stunde, wo die Schatten lang sind. Die Felsen waren größer, die Wellen grüner. Man hätte meinen können, auch der Himmel erweitere sich und die ganze Natur wechsle den Ausdruck.

Wir machten uns also auf, ohne uns um die Flut zu kümmern, noch darum, ob später ein Weg vorhanden sein werde, wieder ans Land zu kommen. Wir fühlten das Bedürfnis, unsere Lust bis auf den Grund auszunutzen und es zu kosten, ohne das geringste zu verlieren. Leichter als am Morgen sprangen wir, liefen wir ohne Ermatten, ohne Hindernis; eine körperliche Begeisterung trug uns unwillkürlich fort, und wir fühlten in den Muskeln eine Art Beben vor robuster und eigenartiger Wollust. Wir schüttelten die Köpfe im Wind, und wir betasteten das Kraut in unseren Händen mit Lust. Wir atmeten den Geruch der Wellen und sogen alles ein und riefen uns alles wach, was es an Farben, Strahlen, Gemurmel gab: die Zeichnung des Seetangs, die Glätte des Sandkorns, die Härte des Felsens, der unter unserm Fuß erklang, die Höhen der Klippe, den Saum der Wogen, die Einschnitte des Ufers, die Stimme des Horizonts; und dann strich der Windhauch wie unsichtbare Küsse hin, die uns über die Wangen liefen, der Himmel, an dem schnell ziehende Wolken standen, rollte einen Goldstaub, der Mond ging auf, die Sterne zeigten sich. Wir wälzten uns den Geist in der Verschwendung dieser Pracht, wir weideten unsere Augen daran; wir weiteten die Nasenflügel, wir öffneten die Ohren; etwas vom Leben der Elemente strömte von ihnen aus und kam, ohne Zweifel gezogen von unseren Blicken, zu uns und paßte sich an und machte, daß mir sie in einem weniger fernen Verhältnis verstanden, daß wir sie dank dieser komplizierteren Vereinigung näher fühlten. Dadurch daß wir uns mit ihr durchdrangen, in sie eingingen, wurden auch wir Natur, lösten wir uns in sie auf, nahm sie uns wieder, fühlten wir, daß sie uns besiegte, und unsere Freude darüber war maßlos; wir hätten uns in ihr verirren mögen, von ihr genommen werden oder sie in uns forttragen. So wie man in den Entzückungen der Liebe mehr Hände zum Tasten wünscht, mehr Lippen zum Küssen, mehr Augen zum Sehen, mehr Seele zum Lieben; so bedauerten wir, indem wir uns mit einem Tollen voll Delirien und Freuden in der Natur ausfalteten, daß unsre Augen nicht bis in den Schoß der Felsen zu dringen vermochten, bis auf den Grund der Meere und bis zur Grenze der Himmel, um zu sehen, wie die Steine wachsen, wie die Wogen werden, wie die Sterne sich entzünden; daß unsere Ohren nicht die Gärung der Granite gravitieren hören konnten, nicht den Saft in den Pflanzen schwellen, noch die Korallen in den Einsamkeiten des Ozeans rollen. Und in der Sympathie dieser kontemplativen Ergüsse hätten wir gewollt, daß unsere Seele überallhin ausstrahlte und in diesem ganzen Leben leben ginge, um alle ihre Formen zu bekleiden, wie sie zu dauern und sich ewig wandelnd, ewig ihre Metamorphosen in die Sonne der Ewigkeit wachsen zu lassen!

Aber der Mensch ist nur geschaffen, um täglich ein wenig an Nahrung, Farben, Tönen, Empfindungen, Ideen zu kosten. Was über das Maß hinausgeht, ermüdet oder berauscht ihn; es ist der Stumpfsinn des Trunkenbolds, es ist die Narrheit des Ekstatikers. Ah! Wie klein unser Glas ist, mein Gott! Wie groß unser Durst ist! Wie schwach unser Kopf ist! ...

Um nach Quiberon zurückzukommen, mußten wir am Tage darauf vor sieben Uhr aufstehn, was Mut erforderte. Noch steif vor Anstrengung und vor Schlaf fröstelnd, packten wir uns in Gesellschaft eines weißen Pferdes, zweier Handelsreisender, desselben einäugigen Gendarmen und desselben Füsiliers, der diesmal niemandem Moralpredigten hielt, in die Barke hinein. Betrunken wie ein Franziskaner rollte er unter den Bänken und hatte schwer zu tun, um seinen Tschako nicht zu verlieren, der ihm auf dem Kopfe wackelte, und um sich gegen sein Gewehr zu wehren, das ihm zwischen den Beinen tanzte. Ich weiß nicht, wer von beiden, er oder der Gendarm, der dümmste war. Der Gendarm war nicht betrunken, aber er war borniert. Er beklagte die geringe Haltung des Soldaten, zählte die Strafen auf, die er erhalten würde, er entrüstete sich über sein Rülpsen, regte sich über seine Manieren auf. Von der Seite des fehlenden Auges im Dreiviertelsprofil gesehen, war er mit seinem Dreispitz, seinem Säbel und seinen gelben Handschuhen sicherlich eins der traurigsten Schauspiele des menschlichen Lebens. Außerdem ist ein Gendarm etwas wesentlich Komisches, was ich nicht ohne Lachen anzusehn vermag; eine groteske und unerklärliche Wirkung, die diese Basis der öffentlichen Sicherheit mit den königlichen Statthaltern, allen obrigkeitlichen Personen und den Literaturprofessoren auf mich auszuüben den Vorzug hat.

Auf die Seite geneigt, durchschnitt das Boot die Wogen, die am Bordrand entlang liefen und Schaum zogen. Die drei voll geschwellten Segel rundeten ihre feine Kurve. Das Mastwerk knarrte, die Luft pfiff in den Taljen. Im Bug sang ein Schiffsjunge, die Nase im Wind. Wir konnten die Worte nicht hören, aber es war eine langsame, ruhige und monotone Melodie, die sich immer wiederholte, weder lauter noch leiser, und die sich ersterbend mit schleppenden Wallungen hinzog.

Das verklang, verklang süß und traurig über dem Meer, wie eine wirre Erinnerung in einer Seele hinfliegt.

Das Pferd hielt sich, so gut es konnte, auf seinen vier Beinen und knabberte an einem Bündel Heu. Die Schiffer lächelten mit gekreuzten Armen, indem sie in die Segel blickten.

... Wir fuhren also, so gut es nur ging und ohne ein Wort zu reden, dahin, aber ohne je das Ende der Bucht zu erreichen, wo es aussah, als befinde Plouharnel sich dort. Wir kamen aber doch hin. Nur fielen wir dort ins Meer. Wir hatten die rechte Seite des Ufers gewählt, und man mußte der linken folgen. Es galt umzukehren und einen Teil des Wegs von neuem zu beginnen.

Ein ersticktes Geräusch ließ sich vernehmen. Ein Glöckchen erklang, ein Hut erschien. Es war die Post von Auray. Stets derselbe Mensch, dasselbe Pferd, derselbe Briefsack. Er ritt ruhig nach Quiberon zu, von wo er bald zurückkommen wird, um morgen wieder hin zu reiten. Er ist der Bewohner des Ufers; er durchzieht es am Morgen und er durchzieht es am Abend. Sein Leben besteht darin, es zu durcheilen; er allein belebt es, er allein macht seine Zwischenspiele, fast hätte ich gesagt, seine Anmut aus.

Er hält an; wir reden zwei Minuten mit ihm, er grüßt uns und reitet weiter.

Welch Ensemble das ist! Welch ein Mensch und welch ein Pferd! Welch ein Bild! Ballot hätte es ohne Zweifel gemalt; nur Cervantes hätte es schreiben können.

Nachdem wir über die großen Felspartien gestiegen waren, die man im Meer aneinander zu reihen versucht hat, um den Weg abzukürzen, indem man den Boden der Bucht durchschnitt, kamen wir endlich in Plouharnel an.

Das Dorf war still, die Hennen glucksten auf den Straßen und in den von Mauern aus Steinen ohne Mörtel umschlossenen Gärten sind mitten in Haferbeeten Nesseln gewachsen.

Als wir vor dem Hause unseres Wirtes saßen, um die Luft zu genießen, kam ein alter Bettler vorbei. Er war in Lumpen, wimmelte von Ungeziefer, war rot wie Wein, borstig, in Schweiß gebadet, die Brust nackt, den Mund voll Geifer.

Die Sonne glänzte auf seine Lappen, seine violette und fast schwarze Haut schien Blut auszuschwitzen. Er schrie mit schrecklicher Stimme, als er mit mächtigen Schlägen an die Tür eines Nachbarhauses schlug ...

Kapitel VII.

... Quimper ist zwar das Zentrum der wahren Bretagne, unterscheidet sich aber doch von ihr. Seine Ulmenpromenade am Flusse entlang, der zwischen den Kais fließt und Schiffe trägt, macht es sehr kokett, und der große Präfekturpalast, der allein das kleine westliche Delta verdeckt, gibt ihm ein durchaus französisches und administratives Aussehen. Man merkt, daß man in einer Departementshauptstadt ist, was einen alsbald an die Einteilung in Arrondissements erinnert, mit den großen, mittleren und kleinen Vizinalitäten, den Komitees für Elementarunterricht, den Sparkassen, den Kreisständen und anderen modernen Erfindungen, die den damit begabten Orten für den naiven Wanderer, der von ihr träumt, stets ein wenig von der Lokalfarbe nimmt.

Mögen es mir die Leute nicht übelnehmen, die diesen Namen Quimper-Corentin als den Namen der provinziellen Lächerlichkeit und Verknöcherung selber aussprechen, aber es ist ein reizender, kleiner Ort, der viele andere geachtetere aufwiegt. Freilich findet man die Launen Quimperlés hier nicht, noch auch die Üppigkeit seines Grüns und den Aufruhr seiner Farben; aber ich kenne wenig, was einen so angenehmen Anblick gewährt wie diese Allee, die unabsehbar am Rande des Wassers hinläuft, und auf die der fast senkrechte Abhang eines ganz nahen Berges den dunklen Schatten seines üppigen Grüns herabgießt. Man braucht nicht lange, um derartige Städte zu durchforschen, um sie bis in ihre tiefsten Falten hinein zu kennen, und man entdeckt in ihnen bisweilen Winkel, die einen anhalten und einem das Herz in Freude versetzen. Die kleinen Städte erscheinen auch, genau wie die kleinen Wohnungen, zuerst wärmer und behaglicher zum Leben. Aber bleibt auf eure Illusion hin. Die zweiten haben mehr Zugluft als ein Palast, und in den ersteren herrscht mehr Langeweile als in der Wüste. Als wir auf einem jener guten Pfade, wie wir sie lieben, zum Hotel zurückkehrten, einem jener Pfade, die steigen und fallen, sich wenden und wiederkehren, bald an den Mauern entlang, bald über ein Feld, und dann zwischen Gestrüpp und durch Gras hin, die nacheinander Kiesel zeigen, Gänseblümchen und Nesseln, jener schweifenden Pfade, die für Müßiggängergedanken und Arabeskenplaudereien geschaffen sind – als wir also zur Stadt zurückkehrten, hörten wir unter dem Schieferdach eines viereckigen Gebäudes hervor Stöhnen und klagendes Blöken erklingen. Es war das Schlachthaus.

Auf der Schwelle schlabberte ein großer Hund in einem Blutpfuhl, und langsam zog er mit den Zähnen den blauen Strick der Eingeweide eines Ochsen heraus, die man ihm vorgeworfen hatte. Die Tür zu den Kabinen stand offen. Die Schlachter waren mit aufgeschürzten Ärmeln an der Arbeit. Den Kopf nach unten, die Füße mittelst einer Flechse über einen Stock gezogen, der an der Decke befestigt war, hing ein Ochse da, aufgeblasen und geschwollen wie ein Schlauch, und die Haut seines Bauches war in zwei Fetzen gespalten. Mit ihr sah man die Fettschicht leicht auseinanderstehen, die sie fütterte, und dann erschien nacheinander im Innern vor der Schneide des Messers ein Haufe von grünen, roten und schwarzen Dingen, die prachtvolle Farben zeigten. Die Eingeweide dampften; das Leben entwich aus ihnen in einem lauen und ekelhaften Dunst. In der Nähe lag ein Kalb am Boden und heftete seine großen, runden, geängsteten Augen auf die Blutrinne; trotz der Fesseln, die ihm die Beine umschnürten, zitterte es konvulsivisch. Seine Seiten pochten, die Nüstern öffneten sich. Die anderen Ställe waren erfüllt von langgezogenem Röcheln, meckerndem Blöken, heiserem Gebrüll. Man unterschied die Stimme derer, die man tötete, derer, die erstarben, und derer, die sterben sollten. Man hörte sonderbare Schreie, Intonationen von tiefster Not, die man fast hätte verstehen können. In dem Moment habe ich die Vorstellung von einer schrecklichen Stadt gehabt, von einer grausigen und schrankenlosen Stadt, wie es ein Babylon oder Babel von Kannibalen wäre, wo es Menschenschlachthäuser gäbe; und ich habe in diesen rührenden und schluchzenden Würgestimmen etwas von menschlicher Todesqual wiederzufinden gesucht. Ich habe an Sklavenherden gedacht, die, den Strick um den Hals und an Ringe geknüpft, dorthin geführt waren, um die Herren zu ernähren, die sie auf Elfenbeintischen verzehrten, indem sie sich mit Purpurtüchern die Lippen wischten. Hätten sie niedergeschlagenere Haltungen, traurigere Blicke, herzzerreißendere Bitten zeigen können?

... Als wir in Quimper waren, zogen wir eines Tages auf einer Seite zur Stadt hinaus und kehrten nach einem Marsch durchs Land von ungefähr acht Stunden auf der andern Seite in sie zurück.

Unter dem Eingange des Hotels erwartete uns unser Führer. Er begann alsbald vor uns herzulaufen, und wir folgten ihm. Es war ein kleiner Biedermann mit weißem Haar, einer Zeugmütze auf, durchlöcherten Schuhen an, und gekleidet in einen alten, braunen, zu weiten Rock, der ihm um die Hüften flatterte. Er stotterte beim Sprechen, stieß sich beim Gehen die Knie und drehte sich um sich selber; trotzdem lief er rasch und mit einer nervösen, fast fiebrischen Hartnäckigkeit vorwärts. Von Zeit zu Zeit nur riß er ein Baumblatt ab und klebte es sich, um sich zu erfrischen, vor den Mund. Sein Beruf ist, die Umgegend abzulaufen, um Briefe zu überbringen oder Besorgungen zu machen. So kommt er nach Douarnenez, nach Quimperlé, nach Brest, sogar nach Rennes, das vierzig Stunden entfernt ist (eine Reise, die er einmal hin und zurück in vier Tagemärschen gemacht hat). „Sein ganzer Ehrgeiz“, sagt er, „ist, noch einmal in seinem Leben nach Rennes zu kommen.“ Und das ohne andern Zweck als den, noch einmal hinzukommen, um hinzukommen; um eine lange Reise zu machen und sich dessen nachher rühmen zu können. Er kennt alle Straßen, er kennt alle Gemeinden mit ihren Kirchtürmen; er schlägt die Richtpfade über die Felder ein, öffnet die Hofgatter und wünscht, wenn er vor den Häusern vorübergeht, den Herren einen guten Tag. Dadurch, daß er die Vögel immer singen hört, hat er gelernt, ihre Laute nachzuahmen, und während er unter den Bäumen hingeht, pfeift er wie sie, um seine Einsamkeit zu verschönen.

Halt machten wir zuerst eine Viertelstunde vor der Stadt zu Loc-Maria, einer alten Klosterkirche, die einst von Conan III. der Abtei von Fontevrault geschenkt wurde. Die Kirche ist nicht wie die Abtei des armen Robert von Arbriselle auf unedle Art nutzbar gemacht worden. Sie ist verlassen, aber unbeschmutzt. Ihr gotisches Portal hallt nicht mehr von der Stimme der Sträflingsaufseher wieder, und wenn nur noch ein wenig davon vorhanden ist, so empfindet der Geist wenigstens weder Empörung noch Ekel. Es gibt in dieser kleinen Kapelle einer alten, strengen Romantik an Sehenswürdigkeiten im Detail nur ein großes Taufbecken, das ohne Pfeiler auf dem Boden steht, und dessen flächenförmig geschnittener Granit fast schwarz geworden ist. Weit und tief, stellt es recht das wahre, katholische Taufbecken dar, geschaffen, den ganzen Körper eines Kindes hineinzutauchen, anders als die engen Becken unserer Kirchen, in denen man nur die Fingerspitzen benetzt. Mit seinem klaren Wasser, das durch die grünliche Schicht des Bodens, jene Vegetation, die in der religiösen Stille der Jahrhunderte entstanden ist, noch durchsichtiger wird, mit seinen abgenutzten Kanten, seiner schweren, bronzefarbenen Masse, gleicht es einem jener von selber ausgehöhlten Felsen, in denen man Meerwasser findet.

Als wir ganz herumgegangen waren, stiegen wir wieder zum Fluß hinauf, überfuhren ihn im Boot und drangen in das Land hinein.

Es ist verlassen und seltsam leer. Bäume, Ginster, Tamarisken am Rande der Gräben, sich dehnende Heide, und nirgends Menschen. Der Himmel war blaß; ein feiner Regen, der die Luft feucht machte, legte gleichsam einen glatten Schleier übers Land, der es in einen grauen Ton einhüllte. Wir gingen durch Hohlwege, die sich unter grünen Lauben verloren, deren vereinigte Zweige sich wie ein Gewölbe über unsere Köpfe senkten und uns kaum erlaubten, aufrecht darunter herzugehen. Das vom Laubwerk aufgehaltene Licht war grünlich und schwach wie das eines Winterabends. Ganz hinten aber sah man ein lebhaftes Licht eindringen, das am Rande der Blätter spielte und ihre Ausschnitte erhellte. Dann kam man oben auf irgendeinem trockenen Hang heraus, der sich ganz flach und glatt senkte, ohne daß auch nur ein Grashalm gegen die Einförmigkeit seiner gelben Farbe abstach. Bisweilen dagegen erhob sich eine lange Buchenallee, deren dicke, leuchtende Stämme Moos zu ihren Füßen hatten. Da führten Spuren von Fahrgleisen hin, als müßten sie zu einem Schlosse leiten, das man zu sehen erwartete; aber die Allee hörte plötzlich auf und dahinter dehnte sich das flache Land. In dem Zwischenraum zwischen zwei Tälern entfaltete es seine grüne Fläche, die durch die launischen Linien der Hecken in schwarzen Narben durchfurcht war, gefleckt hier und dort durch das Massiv eines Holzes, aufgehellt durch Ginsterbüschel, oder am Rande der Weiden, die langsam zu den Hügeln emporstiegen und sich im Horizont verloren, von einem bebauten Feld gebleicht. Über den Hügeln, weit in der Ferne, quer durch die Dämmerung, erschien in einem Loch des Himmels ein blauer Mäander: das war das Meer.

Die Vögel schweigen oder fehlen; die Blätter sind dicht, das Gras erstickt das Geräusch der Schritte, und die stumme Gegend blickt einen an wie ein trauriges Gesicht. Sie scheint eigens geschaffen, um die Existenzen in Ruinenaufzunehmen, die resignierten Schmerzen. Sie werden dort zu diesem langsamen Murmeln der Bäume und des Ginsters, um unter diesem weinenden Himmel einsam ihre Bitternisse nähren können. In den Winternächten, wenn der Fuchs über die trockenen Blätter gleitet, wenn die Ziegel von den Taubenschlägen fallen, wenn die Heide ihre Binsen peitscht, wenn die Buchen sich biegen und im Mondschein der Wolf über den Schnee galoppiert, da muß es süß sein, ganz allein am erlöschenden Feuer zu sitzen, dem Winde zu lauschen, der durch die langen, hallenden Gänge heult, und aus dem Grunde des Herzens die gehütetste Verzweiflung hervorzuziehen und die vergessenste Liebe.

Wir haben ein Gemäuer in Trümmern gesehen, in das man durch ein gotisches Portal eintrat; weiterhin erhob sich ein Mauerstück, das von einer Spitzbogentür durchbrochen war; dort wiegte sich eine leergepflückte Brombeerranke im Windhauch. Im Hof ist das ungleichmäßige Erdreich mit Heidekraut, Veilchen und Kieseln bedeckt. Man erkennt undeutlich alte Reste von Gräben; man tritt ein paar Schritte weit in einen vollen Keller hinein, geht darin herum; man blickt und geht fort. Dieser Ort heißt *der Tempel der falschen Götter* und war nach dem, was man vermutet, eine Komturei der Templer.

Unser Führer ist vor uns aufgebrochen, wir sind ihm weiter gefolgt.

Unter den Bäumen hervor tauchte ein Kirchturm auf; wir sind über ein Brachfeld gegangen und haben einen Grabenrand erklettert; zwei oder drei Häuser erschienen: es war das Dorf Tommelin. Ein Pfad macht die Straße, ein paar Häuser, durch bepflanzte Höfe voneinander getrennt, bilden das Dorf. Welche Ruhe! Welche Verlassenheit vielmehr! Die Schwellen sind leer, die Höfe öde.

Wo sind die Herren? Man könnte meinen, sie seien alle auf den Anstand gegangen, hätten sich hinter dem Ginster hingekauert, um dem *Blauen* aufzulauern, der in der Schlucht vorüber muß.

Die Kirche ist arm und von einer Nacktheit ohne gleichen. Keine schönen gemalten Heiligen, keine Tücher auf den Mauern, keine Lampe, die von der Decke herabhängt und am Ende ihrer langen, senkrechten Schnur schaukelt. In einem Winkel des Chors brennt am Boden in einem Glas voll Öl ein Docht. Runde Pfeiler tragen das Holzgewölbe, dessen blaue Farbe wieder aufgefrischt ist. Durch die weißen Glasfenster fällt, von dem Laubwerk rings, das das Dach der Kirche bedeckt, grün gefärbt, das volle Licht der Felder ein. Die Tür (eine kleine Holztür, die man mit einer Klinke schließt) stand offen; eine Vogelschar war eingedrungen, flatterte, zwitscherte, klammerte sich an die Mauern; sie wirbelten im Gewölbe und spielten um den Altar. Zwei oder drei ließen sich auf dem Weihbecken nieder, benetzten dort ihre Schnäbel und dann sind alle, wie sie gekommen waren, zusammen wieder fortgeflogen. Es ist in der Bretagne nicht selten, daß man sie so in den Kirchen sieht; viele wohnen darin und hängen ihr Nest an die Steine des Schiffes; man läßt sie in Frieden. Wenn es regnet, kommen sie herbei: aber sowie auf den Scheiben die Sonne wiedererscheint, und wenn die Traufen abtropfen, sind sie wieder draußen auf den Feldern. So daß oft bei einem Gewitter zwei gebrechliche Geschöpfe zugleich in die heilige Wohnung kommen: der Mensch, um sein Gebet zu verrichten und seine Angst unter Schutz zu bringen, der Vogel, um zu warten, bis der Regen vorüber ist und um die sprossenden Federn seiner starren Kleinen zu erwärmen.

Ein sonderbarer Reiz strömt von diesen armen Kirchen aus. Nicht ihr Elend bewegt, weil man selbst dann, wenn niemand darin ist, sagen würde, sie sind bewohnt. Entzückt nicht vielmehr ihre Schamhaftigkeit? Denn mit ihrem niedrigen Turm, dem Dach, das sich unter Bäumen verbirgt, scheinen sie sich klein zu machen und sich unter Gottes großem Himmel zu demütigen. Es ist ja auch kein Gedanke des Hochmuts, der sie erbaut hat, noch auch die fromme Grille eines Großen der Erde in Not. Man fühlt vielmehr, daß es der einfache Eindruck eines Bedürfnisses ist, der naive Ruf eines Verlangens, und wie das Lager eines Hirten aus trockenen Blättern, die Hütte, die sich die Seele geschaffen hat, um sich in ihren Stunden der Ermüdung behaglich darin hinzustrecken. Mehr als die Kirchen der Städte sehen diese Dorfkirchen aus, als hielten sie am Charakter des Landes fest, das sie trägt, und als nähmen sie am Leben der Familien teil, die vom Vater auf den Sohn zum selben Orte kommen, um die Knie auf denselben Stein zu stützen. Sehen sie nicht jeden Sonntag, jeden Tag, wenn sie kommen und wenn sie gehen, die Gräber ihrer Verwandten wieder, die sie so im Gebet wie an einem erweiterten Herde neben sich haben, von dem sie nicht völlig fortgegangen sind? Diese Kirchen haben also einen harmonischen Sinn, und zwischen Taufkapelle und Kirchhof eingeschlossen erfüllt sich in ihnen das Leben dieser Menschen. Bei uns ist es nicht so; wir verweisen die Ewigkeit aus den Toren und verbannen unsere Toten in die Vorstädte, um sie neben die Kotmagazine in das Viertel der Abdecker und der Sodafabriken zu betten.

Gegen drei Uhr nachmittags kamen wir in der Nähe der Tore von Quimper zu der Kapelle von Kerfeunteun. Darin sieht man ein schönes Kirchenfester aus dem sechzehnten Jahrhundert, das den Stammbaum der Dreieinigkeit darstellt. Jakob bildet den Wurzelstamm und Christi Kreuz den

Gipfel, über dem der ewige Vater mit der Tiara auf der Stirne schwebt. Der viereckige Kirchturm zeigt wie eine Laterne auf jeder Seite ein durchbrochenes Viereck. Er ruht nicht unmittelbar auf dem Dach; sondern mit Hilfe einer engeren Basis, deren vier Kanten sich nähern und fast berühren, bildet er gegen den Dachfirst einen stumpfen Winkel. In der Bretagne haben fast alle Dorfkirchen solche Türme.

Ehe wir in die Stadt zurückgingen machten wir einen Umweg, um die Kapelle der Mutter Gottes zu besuchen. Da man sie für gewöhnlich abschließt, nahm unser Führer den Hüter, der den Schlüssel hat, mit auf den Weg. Er kam mit uns und führte seine kleine Nichte an der Hand, die den ganzen Weg hindurch stehen blieb, um Blumen zu pflücken. Er ging auf dem Pfad voraus. Seine schlanke, jugendliche Taille mit biegsamer, ein wenig weicher Krümmung war in eine Jacke aus himmelblauem Zeug gehüllt, und auf seinem Rücken tanzten die drei Samtbänder seines kleinen schwarzen Hutes, der, sorgfältig auf den Hinterkopf gesetzt, sein zu einem Wulst zusammengedrehtes Haar festhielt.

Auf dem Grunde eines kleinen Tals, einer Schlucht vielmehr, verschleiert sich die Kirche der Mutter Gottes unter dem Laub der Buchen. An dieser Stelle, in der Stille dieses hohen Grüns hat sie, ohne Zweifel durch ihr kleines gotisches Portal, das man ins dreizehnte Jahrhundert setzen möchte und das aus dem sechzehnten ist, ich weiß nicht welchen Hauch, der an jene heimlichen Kapellen der alten Romane und Romanzen erinnert, wo man eines Morgens, zum Lied der Lerche, wenn die Sterne erblaßten, den Pagen, der zum Heiligen Lande zog, zum Ritter schlug, und wo durch das Gitter die weiße Hand der Burgherrin griff, die der Abschiedskuß alsbald mit tausend Liebestränen benetzte.

Wir traten ein. Der junge Mann kniete hin, indem er den Hut abnahm, und die dicke Rolle seines blonden Haars rollte aus und entfaltete sich plötzlich, indem sie ihm den Rücken entlang fiel. Einen Moment hing es am rauhen Tuch seiner Jacke fest und bewahrte die Spur der Falten, in die es noch eben gerollt war; dann glitt es herab, spreizte sich, breitete sich aus wie echtes Frauenhaar. In der Mitte durch einen Scheitel geteilt, floß es in gleichmäßigen Wellen über seine beiden Schultern und verhüllte seinen nackten Hals. Diese ganze Fläche zeigte auf ihrem goldenen Ton bei jeder Kopfbewegung, die er im Gebete machte, wechselnde und fliehende Lichtwellungen. An seiner Seite hatte das kleine Mädchen, das wie er kniete, seinen Strauß zu Boden fallen lassen. Erst dort und zum ersten Male habe ich die Schönheit des Menschenhaars begriffen, und welchen Reiz es für nackte Arme haben kann, da hineintauchen. Sonderbarer Fortschritt, der darin besteht, die grandiosen Wucherungen der Natur überall abzustutzen, so daß mir, wenn wir sie einmal in aller jungfräulichen Fülle entdecken, wie über ein offenbartes Wunder staunen! ...

... Fünf Uhr abends endlich kamen wir zu Pont l'Abbé an, bedeckt mit einer respektablen Schicht von Staub und Schmutz, der sich von unsern Kleidern mit einer so unseligen Verschwendung im Zimmer der Herberge auf das Parkett verbreitete, daß wir uns von der Schmutzerei, die wir anrichteten, wenn wir uns nur irgendwo hinstellten, fast gedemütigt fühlten.

Pont l'Abbé ist eine kleine, sehr friedliche Stadt, die in ganzer Länge von einer breiten, gepflasterten Straße durchschnitten wird. Die mageren Rentner, die sie bewohnen, können nicht nichtiger, bescheidener und dummer aussehen.

Für die, die überall etwas sehen wollen, sind die unbedeutenden Reste des Schlosses und die Kirche zu sehen; eine Kirche, die sonst passabel wäre, wäre sie nicht mit der stumpfesten Tünche angestrichen, die je ein Kirchenvorstand erträumt hat. Die Kapelle der Jungfrau war voller Blumen: Sträuße von Jonquillen, Levkojen, Stiefmütterchen, Rosen, Geißblatt und Jasmin, die in Vasen aus weißem Porzellan oder in blauen Gläsern standen, spreizten ihre Farben auf dem Altar und stiegen zwischen den großen Kerzen bis zum Gesicht der Jungfrau empor, bis über ihre Silberkrone, von der in langen Falten ein Musselinschleier herabfiel, der am Goldstern des Gips-Bambinos hängen blieb, das in ihren Armen lag. Man roch das Weihwasser und den Duft der Blumen. Es war ein kleiner balsamierter, geheimnisvoller, süßer Winkel, abseits in der Kirche, eine verborgene Zufluchtsstätte, mit Liebe geschmückt und den Ausströmungen des mystischen Verlangens und den langen Ergüssen der tränenreichen Gebete günstig.

Vom Klima komprimiert, vom Elend ertötet, trägt der Mensch die ganze Sinnlichkeit seines Herzens hierher, er legt sie zu Marias Füßen unter dem Blick der himmlischen Frau nieder, und er befriedigt darin, indem er ihn erregt, jenen unverlöschbaren Durst, zu genießen und zu lieben. Mag der Regen durch das Dach eindringen, mag es im Hauptschiff weder Bänke noch Stühle geben, überall wird man darum nicht weniger leuchtend, geputzt und kokett mit frischen Blumen und brennenden Kerzen diese Kapelle der Jungfrau entdecken. Da scheint sich die ganze religiöse Zärtlichkeit der Bretagne zu konzentrieren; das ist die weichste Falte ihres Herzens, das ist ihre Schwäche, ihre Leidenschaft, ihr Schatz. Auf dem Lande hat man keine Blumen, aber in der Kirche sind sie da; man ist arm, aber reich ist die Jungfrau; ewig schön lächelt sie für uns, und die schmerzenden Seelen gehn, sich auf ihren Knien wie an einem Herde, der nie erlischt, zu wärmen. Man erstaunt über die Leidenschaft dieses Volkes für seinen Glauben; aber weiß man, aber kennt man alles, was er ihm an Genüssen und Wollüsten gibt, alles, was er ihm an Freuden entnimmt? Ist nicht der Asketismus ein höherer Epikureismus, das Fasten eine verfeinerte Schlemmerei? Die Religion erlaubt in sich fast fleischliche Empfindungen; das Gebet hat seine Ausschweifungen, die Kasteiungen ihren Rausch, und die Männer, die des Abends kommen und vor dieser bekleideten Statue knien, erfahren vor ihr das Pochen des Herzens und unbestimmte Trunkenheiten, während die Kinder der Städte, wenn sie aus der Klasse kommen, verträumt und verwirrt auf den Straßen stehen bleiben, um die glühende Frau an ihrem Fenster zu betrachten, die ihnen süße Augen macht.

Man muß dem beiwohnen, was es seine Feste nennt, um sich vom düsteren Charakter dieses Volkes zu überzeugen. Es tanzt nicht, es dreht sich; es singt nicht, es pfeift. Noch am Abend gingen wir in ein Dorf in der Umgegend, um die Einweihung einer Dreschtenne zu sehen. Zwei Dudelsackspieler waren auf eine Mauer des Hofes gestiegen und bliesen unaufhörlich den kreischenden Blaston ihrer Instrumente, bei deren Klang zwei lange Reihen von Männern und Frauen, die sich wanden und kreuzten, im Gänsemarsch und leichtem Trabe hintereinanderliefen. Die Reihen kamen auf ihren eigenen Spuren zurück, wendeten sich, durchschnitten sich in ungleichen Abständen und hingen sich wieder zusammen. Die schweren Schritte stampften den Boden ohne Rücksicht auf den Rhythmus, während die scharfen Noten der Musik sich in kreischender Monotonie übereinander stürzten. Diejenigen, die nicht mehr tanzen wollten, gingen davon, ohne daß der Tanz dadurch gestört wurde, und wenn sie Atem geschöpft hatten, traten sie wieder hinein. Fast eine Stunde lang sahen wir dieser seltsamen Leibesübung zu, ohne daß die Menge mehr als einmal stillstand: und da hatten die Musikanten abgesetzt, um ein Glas Zider zu trinken; dann erzitterten die langen Linien von neuem, und sie begannen sich zu wenden. Am Eingange des Hofes verkaufte man an einem Tische Nüsse; daneben stand ein Krug Branntwein, am Boden ein Faß Zider; nicht weit davon entfernt sah man einen Menschen in Ledermütze und grünem Rock; neben ihm einen Mann in Jacke mit einem Säbel, der an einem weißen Gehenk hing; es war der Polizeikommissar aus Pont l'Abbé mit seinem Feldhüter.

Bald zog der Herr Kommissar die Uhr aus der Tasche, gab dem Feldhüter ein Zeichen und ging und sprach mit ein paar Bauern: die Versammlung zerstreute sich.

Wir gingen alle vier zusammen in die Stadt zurück, und wir hatten auf diesem Wege Muße, wieder einmal eine jener harmonischen Kombinationen der Vorsehung zu bewundern, die diesen Polizeikommissar für diesen Feldhüter, und diesen Feldhüter für diesen Polizeikommissar geschaffen hatte. Sie waren ineinander eingeschachtelt, eingezahnt. Dieselbe Tatsache veranlagte bei beiden dieselbe Reflexion, aus derselben Idee zogen sie parallele Schlüsse. Wenn der Kommissar lachte, lächelte der Hüter; wenn er eine ernste Miene annahm, sah der andere finster drein; wenn der Rock sagte: „man muß das und das tun", antwortete der Mann in der Jacke: „ich hatte auch schon daran gedacht"; wenn er fortfuhr: „es ist notwendig", fügte der andere hinzu: „es ist unvermeidlich". Und das Rang- und Autoritätsverhältnis blieb trotz dieses intimen Zusammenhaltes auf beiden Seiten deutlich. So erhob der Feldhüter die Stimme weniger laut als der Kommissar; er war ein wenig kleiner und ging hinter ihm. Der Kommissar war höflich, bedeutsam, ein guter Sprecher; er besann sich, grübelte beiseite, redete allein und ließ die Zunge schnalzen; der Feldhüter war sanft, aufmerksam, nachdenklich; er beobachtete seinerseits, stieß Interjektionen aus und kratzte sich die Nasenspitze. Unterwegs erkundigte er sich nach den Neuigkeiten, fragte ihn um seine Meinung, erbat sich seine Befehle, und der Kommissar verhörte, dachte nach und erteilte Kommandos.

Wir kamen zu den ersten Häusern der Stadt, als wir gellende Schreie aus einem derselben ertönen hörten. Die Straße war von einer aufgeregten Menge erfüllt, und zum Kommissar kamen Leute gelaufen, die zu ihm sagten: „Kommen Sie, kommen Sie, Monsieur, man schlägt sich! Zwei Frauen sind getötet!" – „Von wem?" – „Das weiß man nicht." – „Wieso?" – „Sie bluten." – „Aber wie?" – „Mit einer Harke." – „Wo ist der Mörder?" – „Die eine am Kopf, die andere am Arm. Kommen Sie, man erwartet Sie, sie sind da drinnen."

Der Kommissar trat also ein, und wir folgten.

Es war ein Lärm von Schluchzen, Schreien, Worten, ein wildes Durcheinander, das sich drängte und erstickte. Man trat sich auf die Füße, man stieß sich mit den Ellbogen, man fluchte, man sah nichts.

Der Kommissar wurde zunächst einmal wütend. Aber da er nicht bretonisch sprach, mußte der Feldhüter für ihn wütend werden, und er jagte das

Publikum hinaus, indem er jedermann an den Schultern faßte und zur Tür hinstieß.

Als nur noch etwa ein Dutzend Menschen im Zimmer waren, gelang es uns, in einem Winkel einen Fleischfetzen zu erkennen, der an einem Arm hing, und eine schwarze Haarmaske, auf der Bluttropfen liefen. Das waren die Frau und das junge Mädchen, die in dem Tumult verletzt waren. Die alte, die trocken und groß war und eine nußbraune Haut hatte, die wie Pergament gefältet war, stand, den linken Arm in der rechten Hand, aufrecht, wimmerte kaum und sah nicht aus, als ob sie Schmerzen hatte; aber das junge Mädchen weinte. Es saß mit offenen Lippen, senkte den Kopf, hatte die Hände flach auf den Knien, zitterte konvulsivisch und schluchzte ganz leis. Auf alle Fragen, die man an sie stellte, antworteten sie nur mit Klagen, und da die Aussagen derer, die die Schläge hatten geben sehen, nicht einmal unter sich stimmten, war es unmöglich zu erfahren, sowohl, wer geschlagen hatte, wie, warum man geschlagen hatte. Die einen sagten, ein Mann habe seine Frau überrascht, andere, die Frauen hätten sich gezankt, und der Hausherr habe sie totschlagen wollen, um sie zum Schweigen zu bringen. Man wußte nichts Genaues. Der Herr Kommissar war sehr in Verlegenheit und der Feldhüter völlig sprachlos.

Da der Arzt des Ortes nicht da war oder diese Leute sich seiner nicht bedienen wollten, weil das zu teuer kam, so hatten wir die Stirn, „die Hilfe unserer schwachen Talente“ anzubieten, und wir liefen, um unser Reisenecessair, ein Stück Sparadrap, eine Binde und Scharpie zu holen, welche Dinge wir in der Ahnung eines Unfalls unten in unsere Tornister gestopft hatten.

Es wäre, meiner Treu! Ein schönes Schauspiel für unsere Freunde gewesen, hätten sie uns sehen können, wie wir auf dem Tische dieser Herberge doktoral unser Ritzmesser, unsere Pinzetten und unsere drei Scheren ausbreiteten, von denen eine Blätter aus vergoldetem Silber hatte. Der Kommissar bewunderte unsere Philantropie, die Gevatterinnen sahen uns schweigend zu, die gelbe Kerze schmolz in dem eisernen Leuchter und streckte ihren Docht lang und der Feldhüter schneuzte sie mit den Fingern. Die gute Frau wurde zuerst verbunden. Der Hieb war gewissenhaft erteilt; der entblößte Arm zeigte den Knochen, und ein Fleischdreieck von etwa vier Zoll Länge hing wie eine Stulpe herab. Wir versuchten, das Stück wieder an seine Stelle zu bringen, indem wir es genau in die Ränder der Wunde einpaßten; dann umwanden wir das Ganze mit einer Binde. Es ist sehr möglich, daß diese heftige Kompression den Brand zur Folge gehabt hat, und daß die Patientin daran gestorben ist.

Man wußte nicht recht, was das junge Mädchen hatte. In ihrem Haar lief Blut, ohne daß man sehen konnte, woher es kam; es gerann darauf in öligen Flecken, und es lief ihr den Nacken entlang. Der Feldhüter, unser Dolmetscher, sagte ihr, sie solle das wollene Band abnehmen, das sie um den Kopf hatte; sie knüpfte es mit einer einzigen Handbewegung los, und ihr ganzes Haar, von einem matten und düsteren Schwarz, rollte mit den Blutfäden, die es rot streiften, in einer Kaskade herab. Als wir ihre schönen, feuchten Haare, die weich, dicht und reichlich waren, vorsichtig auseinandernahmen, sahen wir wirklich auf dem Hinterkopfe eine nußgroße Beule, die ein ovales Loch zeigte. Wir rasierten die Haut ringsherum; dann wuschen und stillten wir die Wunde, ließen Talg auf Scharpie tropfen und hefteten sie mit Hilfe von Saftpflasterstreifen auf die Wunde. Eine Kompresse darüber wurde von dem Bande gehalten, das selber wieder mit der Haube bedeckt wurde.

Inzwischen kam der Friedensrichter herzu. Das erste, was er tat, war, daß er die Harke verlangte, und das einzige, womit er sich beunruhigte, war, daß er sie in jeder Hinsicht ansah und betrachtete. (Er faßte sie am Stiel, er zählte ihre Zähne, er ließ ihr Eisen klingen und das Holz sich biegen.

„Ist das da sicher", sagte er, „das Werkzeug des Attentats? Jerôme, sind Sie gewiß?"

„Man sagt es, Monsieur."

„Sie waren nicht dabei, Herr Kommissar?"

„Nein, Herr Friedensrichter."

„Ich möchte wissen, ob die Schläge mit einer Harke geführt worden sind oder ob es nicht vielmehr ein Schlaginstrument war? Wo ist der Übeltäter? Zunächst, hat diese Harke ihm gehört? Oder jemand anders? Hat man diese Frauen wirklich hiermit verwundet? Ist es nicht eher, ich wiederhole es, mit einem Schlaginstrument geschehen? Wollen sie Klage führen? In welchem Sinne soll ich meinen Bericht abfassen? Was meinen Sie dazu, Herr Kommissar?"

Die Unglücklichen antworteten nichts, außer, daß sie immer noch Schmerzen hätten; und ob sie die Rache des Gesetzes anrufen wollten, sich das zu überlegen, ließ man ihnen die Nacht. Das junge Mädchen konnte kaum sprechen, und die Alte hatte gleichfalls sehr konfuse Ideen, zumal sie, wie die Nachbarn behaupteten, betrunken war; was uns die Unempfindsamkeit erklärte, die sie gezeigt hatte, während wir ihr halfen.

Nachdem sie uns, so gut sie nur konnten, mit den Augen durchschaut hatten, um zu erfahren, wer wir wären, wünschten uns die Autoritäten von Pont l'Abbé einen guten Abend, indem sie uns „für die Dienste dankten, die wir dem Orte geleistet hatten". Wir steckten unser Necessair in die Tasche, und der Kommissar ging mit seinem Feldhüter, der Feldhüter mit seinem Säbel, der Friedensrichter mit der Harke davon …

Kapitel IX.

Unterwegs! Der Himmel ist blau, die Sonne glänzt, und wir fühlen in den Füßen die Lust, auf dem Grase zu gehen.

Von Crozon bis Lendevenec ist das Land offen, ohne Bäume und Häuser; ein wie fadenscheiniger Sammet rotes Moos dehnt sich unabsehbar über platten Boden. Bisweilen erheben sich mitten unter kleinem, verkümmertem Ginster Felder reifen Getreides. Der Ginster blüht nicht mehr, er ist wieder wie vor dem Frühjahr.

Tiefe Wagengleise, die an ihren Rändern einen Wulst trockenen Lehms zeigen und sich unregelmäßig nebeneinander vervielfältigen, erscheinen vor uns, führen lange fort, bilden Knie und verschwinden dem Auge. Große Strecken weit wächst das Gras zwischen diesen eingedrückten Furchen. Der Wind pfeift über die Heide; wir kommen vorwärts; die lustige Brise schweift durch die Luft; sie trocknet mit ihren Stößen den Schweiß, der auf unseren Backen perlt, und wenn wir Halt machen, hören wir trotz des Pochens unserer Adern ihr Geräusch, das über das Moos läuft.

Von Zeit zu Zeit steigt, um uns den Weg anzugeben, eine Mühle auf, die ihre großen weißen Flügel rasch in der Luft dreht. Das Holz ihrer Rahmen kracht ächzend; sie schwingen herab, streifen den Boden und steigen wieder. In seiner offenen Dachluke steht der Müller und blickt uns nach, wie wir vorüberziehen.

Wir gehen weiter; als wir an einer Rüsterhecke hingingen, die ein Dorf verbergen muß, sahen wir auf einem bebauten Hofe einen Mann in einem Baume; unten stand eine Frau, die in ihrer blauen Schürze die Pflaumen auffing, die er ihr von oben herabwarf. Ich erinnere mich einer Masse schwarzen Haars, das ihr in Wellen über die Schultern fiel, zweier in die Luft gehobener Arme, einer Bewegung des nach hinten geworfenen Nackens und eines klangvollen Lachens, das mich durch das Zweigwerk der Hecke erreichte.

Der Pfad, dem man folgt, wird enger. Plötzlich verschwindet die Heide, und man steht auf einem Vorgebirge, das das Meer beherrscht. Auf der Seite von Brest verliert es sich und scheint es unendlich, während es auf der andern seine Buchten ins Land hineinstreckt, das es zwischen buschholzbedeckten Hügeln ausschneidet. Jeder Golf ist zwischen zwei Berge eingeengt; jeder Berg hat zwei Golfe zu seinen Seiten, und es gibt nichts Schöneres als diese großen, grünen Hänge, die fast lotrecht über der Meeresfläche stehen. Die Hügel runden sich am Gipfel, breiten ihre Basen flach, höhlen sich am Horizont in gesperrterer Ausweitung, die zu den Hochflächen führt, und binden sich untereinander mit der graziösen Kurve eines maurischen Rundbogens, während sie durch die Wiederholung auf jedem die Farbe ihres Grüns und die Bewegung ihres Geländes weiterleiten. Zu ihren Füßen drängten, vom Wind des offenen Meeres geschoben, die Wellen ihre Falten. Die Sonne traf darauf und ließ den Schaum erglänzen; unter ihrem Feuer schillerten die Wellen wie Silbersterne, und alles andere war eine ungeheure glatte Flache, deren Azur zu betrachten man nicht satt wurde.

Über den Tälern sah man die Sonne hinstreifen. Eins, das sie schon verlassen hatte, schattierte die Masse seiner Wälder unbestimmter, und auf ein anderes stieg ein breiter und schwarzer Schatten herab.

In dem Maße, wie wir den Pfad hinunterkamen und uns so dem Niveau des Ufers näherten, schienen uns die Berge uns gegenüber alsbald höher zu werden, die Golfe tiefer; das Meer wurde größer. Wir ließen die Blicke aufs Geratewohl schweifen und marschierten, ohne acht zu geben, und die vor uns hergejagten Kiesel rollten rasch hinab und verloren sich in den Strauchbüschen am Rande des Weges …

... Die Wege wendeten sich an den dichten Hecken hin, die kompakter waren als Mauern. Wir stiegen aufwärts, wir stiegen abwärts; inzwischen füllten die Pfade sich mit Schatten, und das Land entschlummerte schon in jener schönen Stille der Sommernächte.

Da wir niemandem begegneten, der uns unseren Weg sagen konnte, und zwei oder drei Bauern, an die wir uns gewandt hatten, nur durch unverständliche Rufe geantwortet hatten, zogen wir unsere Karte hervor, nahmen den Kompaß zur Hand, orientierten uns nach dem Sonnenuntergang und beschlossen, auf Vogelschwingen nach Daoulas zu eilen. Also kam unseren Gliedern alsbald die Kraft zurück, und wir stürzten uns quer durch Hecken, über Gräben in die Felder, schlugen alles nieder, warfen es um, schoben es beiseite und zerbrachen es, ohne uns darum zu kümmern, ob Gatter offen blieben oder Ernten beschädigt wurden.

Oben auf einer Steigung sahen wir in einer Weide, durch die ein Fluß floß, das Dorf l'Hôpital liegen. Den Fluß überspringt eine Brücke, auf dieser Brücke steht eine Mühle, die sich dreht; hinter der Wiese steigt der Hügel wieder; wir kletterten lustig hinauf, als wir auf der Böschung einer Terrasse beim Licht eines Tagesstrahls zwischen den Füßen einer üppigen Hecke einen schönen schwarz und gelben Salamander sahen, der auf seinen gezähnten Pfoten vorwärtsschlich und seinen langen, schlanken Schwanz, der sich zu den Windungen seines fleckigen Rumpfes bewegte, auf dem Staube nachzog; er kam aus seiner Höhle, die unter irgendeinem großen Kiesel liegt, der im Moos vergraben ist, und er ging aus, um im vermodernden Stamm der alten Eichen auf Insekten Jagd zu machen.

Ein spitzsteiniges Pflaster erklang unter unseren Schritten, eine Straße erhob sich vor uns; wir waren in Daoulas. Es war noch hell genug, um an einem der Häuser ein viereckiges Schild zu erkennen, das an seiner in die Mauer gelassenen Eisenstange hing. Übrigens hätten wir auch ohne Schild das Gasthaus erkannt, denn wie die Menschen tragen die Häuser ihr Handwerk auf dem Gesicht geschrieben. Wir traten also sehr ausgehungert ein und baten vor allem, man solle uns nicht lange warten lassen. Als wir in der Tür saßen, um unsere Mahlzeit abzuwarten, trat ein kleines Mädchen in Lumpen mit einem Korbe Erdbeeren, den sie auf dem Kopfe trug, in die Herberge ein. Bald darauf ging sie wieder hinaus und trug statt dessen ein großes Brot, das sie mit beiden Händen hielt. Sie entfloh mit der Behendigkeit einer Katze, indem sie gellende Rufe ausstieß. Ihre struppigen, vom Staub grauen Kinderhaare hoben sich im Winde um ihr mageres Gesicht, und ihre kleinen nackten Füße, die fest auf den Boden schlugen, verschwanden beim Laufen unter den zerfetzten Lumpen, die ihr um die Knie flogen. Nach unserer Mahlzeit, die außer dem unvermeidlichen Omelett und dem verhängnisvollen Kalbfleisch zum großen Teil aus den Erdbeeren des kleinen Mädchens bestand, stiegen wir in unsere Zimmer hinauf.

Die Wendeltreppe mit den wurmstichigen Holzstufen ächzte und Krachte unter unseren Schritten, wie die Seele einer empfindlichen Frau unter einer neuen Enttäuschung. Oben lag ein Zimmer, dessen Tür man wie die der Scheunen mit einem Haken schloß, den man außen vorlegte. Dort übernachteten wir. Der Gips der Wände, die einst gelb getüncht waren, fiel in Schuppen ab; die Deckenbalken bogen sich unter der Last der Dachziegel, und auf den Scheiben der Fallfenster milderte ein Überzug von grauem Schmutz das Licht wie bei mattgeschliffenem Glase. Die Betten waren aus vier schlecht gefügten Nußbaumbrettern hergestellt und hatten runde, wurmstichige und vor Trockenheit ganz gespaltene Beine. Auf jedem lag ein Strohsack und eine Matratze, die mit einem grünen, von Mäusebissen durchlöcherten Bezug bedeckt waren, dessen Franzen aus ausfasernden Fäden bestanden. Ein Stück zerbrochenen Spiegels in seinem blindgewordenen Rahmen; eine Jagdtasche, die an einem Nagel hing, und dicht daneben eine alte seidene Halsbinde, deren Knotenfaltung man erkennen konnte – das alles wies darauf hin, daß dieses Bett von jemandem bewohnt wurde, und daß man ohne Zweifel jeden Abend darin schlief.

Unter einem der Kopfkissen aus roter Baumwolle zeigte sich etwas Scheußliches, nämlich eine Haube von derselben Farbe wie die Bettdecke, deren Gewebe zu erkennen jedoch eine Fettlasur hinderte: sie war abgenutzt, aufgeweitet, welk geworden, ölig, kalt für die Berührung. Ich habe die Überzeugung, daß ihr Herr sehr daran festhält, und daß er sie wärmer findet als jede andere. Das Leben eines Menschen, der Schweiß eines ganzen Daseins ist dort in dieser Schicht ranziger Salbe konkresziert. Wie vieler Nächte hat es nicht bedurft, um sie so dick zu machen! Wie viele Albe haben sich darunter geregt! Wie viele Träume sind hindurchgegangen! Und schöne vielleicht – warum nicht? ...

... Wenn man kein Ingenieur, Baumeister oder Schmied ist, macht einem Brest kein bedeutendes Vergnügen. Der Hafen ist schön, das gebe ich zu; großartig vielleicht; gigantisch, wenn einem sehr daran liegt. *Das imponiert*, wie man sagt, und *das gibt die Vorstellung von einer großen Nation*. Aber all diese Haufen von Kanonen, Kugeln, Ankern, die unendliche Länge dieser Kais, die ein Meer ohne Bewegung und Unterbrechung einschließen, ein unterworfenes Meer, das aussieht, als sei es auf die Galeeren geschickt, und diese großen, geraden Werkstätten, in denen die Maschinen knirschen, das fortwährende Geräusch der Ketten der Sträflinge, die in Reihen vorüberziehen und im Schweigen arbeiten, dieser ganze finstere, unerbittliche, gezwungene Organismus, diese Anhäufung organisierten Argwohns füllt einem die Seele gar schnell mit Langeweile und ermüdet den Blick. Er schweift bis zur Sattheit über Pflaster, Haubitzen, über die Felsen, in die der Hafen eingeschnitten ist, über die Eisenhaufen, über die umreiften Bohlen, über die Trockendocks, die das nackte Gerippe der Fahrzeuge enthalten, und immer stößt er sich an den grauen Mauern des Bagno, wo ein an die Fenster gelehnter Mann die Einkittung ihrer Gitter prüft, indem er sie unter einem Hammer erklingen läßt.

Hier ist die Natur, wie nirgends sonst auf der Erde, abwesend, hier sieht man ihre Verleugnung, den eigensinnigen Haß auf sie, sowohl im Eisenhebel, der den Felsen zerbricht, wie im Säbel des Sträflingsaufsehers, der die Galeerensträflinge jagt.

Außer dem Arsenal und dem Bagno sind nur noch Kasernen, Wachtstuben, Befestigungen, Gräben, Uniformen, Bajonette, Säbel und Trommeln vorhanden. Vom Morgen bis zum Abend dröhnt einem Militärmusik unter den Fenstern, die Soldaten ziehen durch die Straßen hin und her, kommen, gehen, exerzieren; stets tönt die Trompete, und die Truppe geht im Schritt. Man versteht sofort, daß die eigentliche Stadt das Arsenal ist, daß alles andere nur dadurch lebt, daß es die Stadt überströmt. Unter allen Formen, an allen Orten, in allen Winkeln erscheint die Verwaltung, die Disziplin, das gestreifte Papierblatt, der Rahmen, die Regel. Man bewundert die künstliche Symmetrie und die blöde Sauberkeit sehr. Im Marinehospital zum Beispiel sind die Säle so gebohnert, daß sich ein Rekonvaleszent, der versucht, auf seinem kurierten Bein zu gehen, im Fallen das andere brechen muß. Aber das ist schön, es glänzt, man spiegelt sich drin. Neben jedem Saal ist ein Hof, in den aber nie die Sonne scheint, und dessen Gras man sorgfältig ausrodet. Die Küchen sind prachtvoll, aber so weit entfernt, daß im Winter alles eisig zu den Kranken kommen muß. Aber es handelt sich nicht um sie! Glänzen die Kasserollen nicht? Wir sahen einen Menschen, der sich durch einen Sturz von einer Fregatte den Schädel gebrochen und der seit achtzehn Stunden noch keine Hilfe erhalten hatte; aber seine Laken waren sehr weiß, denn die Wäsche wird vortrefflich gehalten.

Im Hospital des Bagnos hat es mich wie ein Kind gerührt, als ich auf dem Bett eines Sträflings einen Wurf kleiner Katzen sah, die auf seinen Knien spielten. Er machte ihnen Papierkügelchen und sie liefen ihnen auf der Decke nach, indem sie sich an den Rändern mit ihren Krallen festhielten. Dann drehte er sie auf den Rücken, streichelte sie, küßte sie, steckte sie sich ins Hemd. Wenn er wieder an die Arbeit geschickt ist, da wird er ohne

Zweifel auf seiner Bank mehr als einmal von diesen ruhigen Stunden träumen, die er mit ihnen allein verbrachte, indem er in seinen rauhen Händen die Weichheit ihres Flaumes und auf seinem Herzen ihre kleinen warmen Körper kauern fühlte.

Ich glaube jedoch gern, daß das Reglement solche Erholungen verbietet, und ohne Zweifel war es eine Nachsicht der Schwester.

Übrigens ist die Regel so wenig dort wie anderswo ohne Ausnahme, auch abgesehen davon, daß zunächst der Unterschied der Stände nicht erlischt, was man auch sagen mag (denn die Gleichheit ist eine Lüge, selbst im Bagno). Denn aus der numerierten Haube fällt oft ein sein parfümiertes Haar herab, wie sich am Rande des roten Hemdes oft ein Manschettenstreif abhebt, der eine weiße Hand einrahmt. Außerdem gibt es für gewisse Professionen, für gewisse Leute besondere Vergünstigungen. Wie haben sie sich trotz des Gesetzes und der Eifersucht der Kameraden diese exzentrische Stellung erobern können, die fast Amateursträflinge aus ihnen macht, und die sie trotzdem wie ein erworbenes Gut bewahren, ohne daß jemand sie ihnen streitig macht? Am Eingang des Bauhofs, wo man Boote baut, findet man einen Zahnarzttisch, der mit allen Werkzeugen des Berufs versehen ist. An der Mauer reihen sich in einem hübschen Glasrahmen offene Gebisse, neben denen der Künstler steht und, wenn man vorübergeht, seine kleine Reklame macht. Er bleibt den ganzen Tag lang dort bei seinem Stande, beschäftigt, seine Werkzeuge zu putzen und Rosenkränze aus Backenzähnen aufzuziehen. Dort kann er, jedem Wärter fern, behaglich mit den Spaziergängern plaudern, die Neuigkeiten der medizinischen Welt erfahren, seine Industrie wie ein Mann mit seinem Diplom ausüben. Zur Stunde muß er ätherisieren. Wenig fehlt, so würde er Schüler haben und Kurse halten. Aber der bestgestellte Mann ist der Pfarrer Lacolonge. Ein Vermittler zwischen den Gefangenen und der Obrigkeit, bedient die Macht sich seiner, um auf die Sträflinge zu wirken, die sich ihrerseits wieder an ihn wenden, um Gnaden zu erlangen. Er wohnt abseits, in einem sehr sauberen kleinen Zimmer, hat einen Diener zur Bedienung, ißt große Schüsseln voll Erdbeeren aus Plougastel, trinkt seinen Kaffee und liest die Zeitungen.

Wenn Lacolonge der Kopf des Bagno ist, so ist Ambroise sein Arm. Ambroise ist ein prachtvoller Neger von fast sechs Fuß Höhe, der im sechzehnten Jahrhundert für einen vornehmen Mann einen wundervollen Bravo abgegeben hätte. Heliogabal muß sich einen Kauz dieser Art gehalten haben, um sich beim Souper damit zu unterhalten, daß er ihm zusah, wie er einen numidischen Löwen in seinen Armen erdrosselte oder Gladiatoren mit Faustschlägen totschlug. Er hat eine glänzende Haut von einem glatten Schwarz mit stahlblauen Reflexen, eine schlanke Taille, kräftig wie die eines Tigers, und Zähne, so weiß, daß sie einem fast Angst machen.

König des Bagnos durch das Recht der Muskeln, fürchtet man, bewundert man ihn; sein Herkules-Ruhm macht es ihm zur *Pflicht*, die Ankömmlinge zu probieren, und bis jetzt sind diese Proben alle zu seinem Ruhm ausgefallen. Er biegt Eisenstangen überm Knie, hebt drei Menschen mit gestreckter Faust, wirft acht um, indem er die Arme auseinanderbreitet, und täglich ißt er dreifache Portionen, denn er hat einen schrankenlosen Appetit, Appetite jeder Art, eine heroische Konstitution.

Wir sahen ihn im botanischen Garten, als er Pflanzen begoß. Man findet ihn immer dort in seinem Treibhause, hinter den Aloen und Zwergpalmen, beschäftigt, das Erdreich der Beete zu lockern oder die Fensterrahmen zu reinigen. Donnerstags, am Tage des öffentlichen Zutritts, empfängt Ambroise dort hinter den Orangenkübeln seine Geliebten, und er hat mehrere, mehr als er will. Er versteht es wirklich, sie sich zu verschaffen, sei es durch seine Vorführungen, sei es durch seine Kraft oder durch sein Geld, von dem er gewöhnlich eine Menge bei sich trägt, und das er königlich ausstreut, sobald es sich darum handelt, seiner schwarzen Haut eine Freude zu machen. Daher wird er auch von einer gewissen Klasse von Damen sehr überlaufen, und vielleicht sind die Leute, die ihn dorthin gebracht haben, nie so sehr geliebt worden.

In der Mitte des Gartens schwimmt in einem Bassin klaren Wassers, das am Rande von Pflanzen eingefaßt ist, und das eine Trauerweide beschattet, ein Schwan. Er schwimmt dort spazieren, durchfährt es ganz mit einem einzigen Schlage des Beins, schwimmt hundertmal herum und denkt nicht daran, herauszusteigen. Um sich die Zeit zu vertreiben, fängt er die roten Fische. Weiterhin hat man die Mauer entlang ein paar Käfige gebaut, um die seltenen Tiere aufzunehmen, die von Übersee kommen und für das Pariser Museum bestimmt sind. Sie sind meist leer. Vor dem einen richtete in einem kleinen vergitterten Hof ein Sträfling mit seinen Schuhen eine kleine Tigerkatze ab und lehrte sie, wie ein Hund dem Wort gehorchen. Er hat also an der Sklaverei nicht genug, der da? Er wälzt sie auf einen andern ab. Die Stockschläge, mit denen man ihm droht, gibt er der Tigerkatze, die sich ohne Zweifel eines Tages dafür rächen wird, indem sie ihr Gitter überspringt und den Schwan erdrosselt.

Eines Abends, als der Mond auf dem Pflaster strahlte, hielten wir es für unsere Schuldigkeit, die sogenannten*verrufenen* Straßen aufzusuchen. Sie sind zahlreich. Die Linientruppen, die Marine und die Artillerie haben jede ihre eigene, ohne das Bagno zu rechnen, das für sich allein ein ganzes Stadtviertel inne hat. Sieben parallele Gassen, die hinter seinen Mauern enden, bilden, was man das Keravel nennt; sie werden nur von den Geliebten der Aufseher und der Sträflinge bewohnt. Es sind alte übereinander gehäufte Holzhäuser, alle mit verschlossenen Türen, verhängten Fenstern, herabgelassenen Jalousien. Man hört dort nichts, man sieht niemanden; kein Licht in den Dachluke; nur hinten läßt in jedem Gäßchen eine Laterne, die der Wind bewegt, ihre langen gelben Strahlen auf dem Pflaster spielen. Im Mondschein warfen diese stummen Häuser mit den ungleichmäßigen Dächern unheimliche Lichter zurück.

Wann öffnen sie sich? Zu unbekannten Stunden, im verschwiegensten Moment der finstersten Nächte. Dann tritt dort der Aufseher ein, der sich heimlich von seinem Posten schleicht, oder der Sträfling, der seinen Bann überschreitet, und oft helfen und schützen sich gar alle beide gemeinsam; wenn dann der Tag zurückkommt, klettert der Sträfling über die Mauer, der Aufseher wendet den Kopf ab, und niemand hat etwas gesehen.

Im Matrosenviertel dagegen zeigt sich alles, breitet sich alles aus. Es flammt, es wimmelt. Die lustigen Häuser werfen einem, wenn man vorbeikommt, ihr Gesumm und ihre Lichter zu. Man schreit, man tanzt, man streitet sich. In großen, niederen Sälen im Parterre sitzen die Frauen in der Nachtjacke auf den Bänken die getünchte Wand entlang, an der eine Lampe befestigt ist; andere stehn auf der Schwelle und rufen einen, und ihre aufgeregten Köpfe lösen sich von dem Hintergrund des erleuchteten Hauses ab, wo der Stoß der Gläser mit den groben Liebkosungen der Leute aus dem Volke ertönt. Man hört Küsse auf den fleischigen Schultern schallen, und das gute rote Mädchen, deren nackte Brust aus dem Hemd herausschlüpft wie das Haar aus ihrer Haube, in den Armen eines braungebrannten Matrosen, der sie auf den Knien hält, vor Vergnügen lachen. Die Straße ist voll, das Haus ist voll, die Tür steht offen, man tritt ein. Die draußen sind, blicken durch die Scheiben, oder plaudern leise mit einer halb nackten Schelmin, die sich über ihr Gesicht beugt. Die Gruppen bleiben stehn, sie warten. Das geht ohne Förmlichkeiten, und wie die Lust einen drängt.

Wir traten in eins dieser Lokale ein. Es war keins von den letzten, noch weniger eins von den ersten.

In einem rot tapezierten Salon saßen drei oder vier Damen um einen runden Tisch, und ein Freund, der auf dem Sofa seine Pfeife rauchte, grüßte uns höflich, als wir eintraten. Sie zeigten bescheidene Haltung und hatten Pariser Kleider an.

Die Mahagonimöbel waren mit Ütrechter Samt gepolstert, der rote Boden gewachst, und die Mauern mit den Schlachten des Kaiserreichs geziert. O Tugend, du bist schön, denn das Laster ist gar dumm!

Da ich eine Frau neben mir hatte, deren Hände genügt hätten, ihr Geschlecht vergessen zu lassen, und da wir nicht wußten, was wir beginnen sollten, zahlten wir der Gesellschaft zu trinken.

Dann zündete ich mir eine Zigarre an, streckte mich in einem Winkel aus, und dort, sehr traurig, und den Tod in der Seele, sagte ich mir, während die krächzenden Stimmen der Weibchen krächzten, und die kleinen Gläser sich leerten:

– Wo ist sie? Wo ist sie? Ist sie der Welt gestorben und werden die Menschen sie nie mehr sehen?

Sie war schön, einst, am Rande der Vorgebirge, als sie das Peristyl der Tempel hinaufstieg und die Goldfranzen ihrer weißen Tunika auf den rosigen Füßen schleifte, oder als sie, auf persischen Kissen sitzend, mit den Weisen plauderte, indem sie ihr Kameenhalsband in den Fingern drehte.

Sie war schön, als sie nackt auf der Schwelle ihrer cella stand, in der Straße von Suburra, unter der Kienfackel, die in die Nacht hin knisterte, als sie ihre kampanische Klage fang, oder als man auf dem Tiber langen Widerhall von Orgien hörte.

Sie war schön auch in ihrem alten Hause in der Stadt, hinter ihren Butzenscheiben, unter den lärmenden Studentenund den ausschweifenden Mönchen, als man ohne Furcht vor den Gendarmen die großen Zinnkrüge laut auf den Tisch schlug, und als die wurmstichigen Betten unter dem Gewicht der Leiber zerbrachen.

Sie war schön, als sie auf einem Spieltisch lehnte und mit ihren hohen Absätzen und ihrer Wespentaille und ihrer Reifperücke, deren duftendes Puder ihr auf die Schultern fiel, mit einer Rose an der Seite und einem Schminkpflästerchen auf der Backe auf das Gold der Provinzialen fahndete.

Sie war schön noch unter den Ziegenhäuten der Kosacken und den englischen Uniformen, als sie sich in die Menge der Männer drängte und auf der Stufe der Spielhäuser, unter dem Schaufenster der Goldschmiede, beim Licht der Cafes zwischen dem Hunger und dem Gelde ihre Brust leuchten ließ.

Was weint ihr ... ich sehne mich nach dem Freudenmädchen.

... Auf dem Boulevard habe ich sie noch eines Abends vorübergehen sehen, als sie unterm Licht der Laternen lebhaft ihre Augen warf und ihre schleifende Sohle über das Pflaster gleiten ließ. Ich habe ihr blasses Gesicht an der Ecke der Straßen gesehen, und wie der Regen auf die Blüten ihres Haares fiel, als ihre leise Stimme die Männer rief und ihr Fleisch am Rande der schwarzen Seide fröstelte.

Das war ihr letzter Tag; am andern Tage erschien sie nicht wieder.

Fürchtet nicht, daß sie wiederkomme, denn sie ist tot, jetzt, ganz tot! Ihr Kleid ist hoch, sie hat Sitten, sie erschrickt über grobe Worte und trägt die Groschen, die sie verdient, auf die Sparkasse.

Die gefegte Straße ihres Daseins hat die einzige Poesie verloren, die ihr noch blieb; man hat die Gosse filtriert, den Unrat durchgesiebt ...

... In einiger Zeit werden auch die Possenreißer verschwunden sein, um den magnetischen Sitzungen und denReformatorenbanketten Platz zu machen, und die Seiltänzerin, die mit ihrem Flitterkleid und großen Balanzierstab in die Luft schnellte, wird uns so fern sein wie die Bajadere vom Ganges.

Aus dieser ganzen schönen, farbigen Welt, lärmend wie die Phantasie selber, so melancholisch und so klangvoll, so bitter und so übermütig, voll von Intim-Pathetischem und von glänzenden Ironien, in der das Elend warm war oder die Anmut traurig, du letzter Schrei aus jener verlorenen Zeit, du fernes Geschlecht, von dem man meinen möchte; es sei vom anderen Ende der Welt gekommen, und das uns im Lärm seiner Glocke etwas wie ein blasses Gedächtnis und ein ersterbendes Echo der vergötterten Freuden brachte! Irgendein Wohnwagen, der die Straße dahinzieht und auf dem Dache aufgerollte Tücher und schmutzige Hunde unter dem Kasten führt, ein Mensch in gelber Jacke, der die Kugel im zinnernen Becher verschwinden läßt, die armen Marionetten der Champs-Elysées und die Gitarrenspieler der Kneipen vor dem Tor – das ist alles, was von dir bleibt!

Freilich sind uns dafür viele Schwanke einer höheren Komik zuteil geworden. Aber kommt die neue Groteske der alten gleich? Ist euch Hans Däumling lieber oder das Versailler Museum? ...

Auf einer Holzestrade, die den Balkon eines viereckigen Zeltes aus grauer Leinwand bildete, schlug ein Mann in Bluse die Trommel; hinter ihm hing ein gemalter Anschlagzettel, der einen Hammel, eine Kuh, Damen, Herren und Militärs darstellte. Es waren die beiden jungen Phänomene von Guèrande, *mit einem Arm, vier Schultern*. Ihr Vorführer oder Herausgeber selber schrie sich die Lunge zum Halse heraus und kündigte außer diesen zwei schönen Dingen noch Kämpfe wilder Tiere an, die zur Stunde selbst beginnen sollten. Unter der Estrade sah man einen Esel, – daneben schlummerten drei Bären, und aus dem Innern der Baracke drang Hundegebell hervor und mischte sich in den tauben Lärm der Trommel, in das stoßweise Rufen des Eigentümers der beiden Phänomene und in das Geschrei eines weiteren Kauzes, der nicht wie er untersetzt, vierschrötig, jovial und schalkhaft war, sondern groß und hager, von finsterem Gesicht und bekleidet mit einem Plaid in Fetzen: das ist sein Teilhaber; sie sind sich unterwegs begegnet und haben ihre Geschäfte vereinigt. Der eine hat die Bären, den Esel und die Hunde eingebracht, der andere die beiden Phänomene und einen grauen Filzhut, der beiden Vorstellungen dient.

Das Theater, das obenhin offen ist, hat als Mauer die graue Leinwand, die im Winde zittert und ohne die Pfähle, die sie festhalten, davonfliegen würde. Eine Balustrade, die die Zuschauer enthält, beherrscht die Seiten der Arena, wo wir in einem Winkel abseits wirklich, ein dünnes Heubündel knuppernd, die beiden jungen Phänomene unter ihrer großartigen Decke erkennen. In der Mitte ist ein hoher Pfosten in die Erde gerannt und in bestimmten Abständen sind mit Bindfäden an weitere kleinere Holzstücke Hunde angebunden, die sich wild geberden und bellend daran zerren. Die Trommel schlägt immer noch, man schreit auf der Estrade, die Bären brummen, die Menge kommt.

Zunächst führte man einen armen, dreiviertel lahmen Bären herein, der beträchtlich gelangweilt aussah. Er trug einen Maulkorb und außerdem um den Hals ein Halsband, von dem eine Eisenkette herabhing, eine Schnur, die ihm durch die Nasenlöcher gezogen war, damit er folgsam manövrierte, und eine Art Lederkappe, die ihm die Ohren schützte. Man band ihn an den mittleren Pfahl da verdoppelte sich das gellende, heisere, wütende Bellen. Die Hunde richteten sich auf, sträubten sich, kratzten die Erde, den Schwanz hoch, die Schnauze gesenkt, die Pfoten auseinandergestellt, und in einem Winkel standen die beiden Herren sich gegenüber und heulten, um sie noch mehr aufzuregen. Zunächst ließ man die drei Doggen los; sie stürzten sich auf den Bären, und er begann um den Pfahl zu laufen und die Hunde rannten, sich stoßend, beißend hinterher, bald umgeworfen, unter seinen Tatzen halb zermalmt; dann rafften sie sich wieder auf und sprangen und hängten sich ihm an den Kopf, den er schüttelte, ohne diese verteufelten Leiber, die sich wanden und ihn bissen, loswerden zu können. Das Auge auf sie gefesselt, lauerten die beiden Herren auf den genauen Moment, in dem der Bär erwürgt werden würde; dann stürzten sie darauf los, rissen sie von ihm ab, zerrten sie am Hals und bissen sie, damit sie loslassen sollten, in den Schwanz. Sie winselten vor Schmerz, aber gaben nicht nach. Der Bär wehrte sich unter den Hunden, die Hunde bissen den Bären, die Menschen bissen die Hunde. Eine junge Bulldogge zeichnete sich vor den anderen durch ihre Erbitterung aus; mit den Krallen an den Rücken des Bären geklammert, mochte man dem Hunde den Schwanz kauen, ihn ihm zusammenfalten, ihm die Hoden pressen, ihm die Ohren zerreißen, er ließ nicht los, und man sah sich gezwungen, einen Spaten zu holen, um ihm die Zähne auseinanderzubrechen. Als alles getrennt war, ruhte sich jedermann aus, der Bär legte sich hin, die Hunde keuchten mit hängender Zunge; die Männer schwitzten und zogen sich die Hundehaare, die ihnen zwischen den Zähnen geblieben waren, aus dem Munde, und der durch das Getümmel aufgewirbelte Staub verteilte sich in der Luft und fiel rings auf die Köpfe des Publikums nieder.

Man führte nacheinander zwei weitere Bären herein, von denen der eine den Gärtner nachahmte, auf die Jagd ging, tanzte, einen Hut aufsetzte, die Gesellschaft grüßte und den Toten machte. Nach ihm kam der Esel an die Reihe. Er verteidigte sich gut; wenn er ausschlug, flogen die Hunde wie Ballons davon; den Schwanz eingezogen, die Ohren gesenkt, die Schnauze gestreckt, lief er schnell und versuchte immer, sie unter seine Vorderfüße zu bekommen, während sie um ihn herumliefen und ihm unters Kinn sprangen. Als man ihn fortzog, war er trotzdem ganz außer Atem, er fröstelte vor Angst und war von Bluttropfen bedeckt, die ihm die von den Narben seiner Wunden räudig gewordenen Beine hinabliefen und ihm zugleich mit dem Schweiß das abgenutzte Horn seiner Hufe benetzten.

Aber das schönste war der allgemeine Kampf der Hunde unter sich; darunter war alles: große, kleine, Wolfshunde, Bulldoggen, schwarze, weiße, gefleckte und rote. Eine gute Viertelstunde verging, bis sie genügend gegeneinander aufgebracht waren. Die Herren hielten sie an den Beinen, drehten ihre Köpfe ihren Gegnern zu und stießen sie heftig zusammen. Vor allem der Magere arbeitete aus ganzem Herzen; er holte mit einem brutalen Ruck einen Strom rauher, heiserer, wilder Stimmen aus der Brust, die der ganzen gereizten Bande Wut einflößten. Ebenso ernsthaft wie ein Kapellmeister an seinem Pult sog er diese dissonierende Harmonie in sich, leitete sie, verstärkte sie; aber als die Doggen losgekettet waren, und sie sich alle heulend gegenseitig zerrissen, ergriff ihn die Begeisterung, er letzte sich, kannte sich nicht mehr, er bellte, applaudierte, wand sich, stieß mit dem Fuß, machte die Geste eines angreifenden Hundes, warf wie sie den Rumpf nach vorn, schüttelte wie sie den Kopf; er hätte auch beißen mögen, mögen, daß man ihn biß, Hund sein mögen, ein Maul haben, um sich da drinnen zu wälzen, mitten im Staub, Geschrei und Blut, um seine Krallen in dem zottigen Fell zu fühlen, um voll in diesem Wirbel zu schwimmen, um sich nach Herzenslust darin zu wehren.

Einmal trat ein kritischer Moment ein: alle Hunde durcheinander, ein wimmelnder Haufe von Pfoten, Beinen, Schwänzen und Ohren, der in der Arena umherschwankte, ohne sich zu lösen, tobten gegen die Balustrade, zerbrachen sie und drohten, die beiden jungen Phänomene in ihrem Winkel zu beschädigen. Ihr Herr erblaßte, tat einen Sprung, und der Teilhaber kam herbeigelaufen. Da biß man die Schwänze! Da gab man Faustschläge und Fußtritte! Da eilte und lief man! Gepackt, einerlei wo, aus der Gruppe gezerrt und über die Schulter geworfen, flogen die Hunde wie Heubündel, die man aufmietet, durch die Luft. Es war ein Blitz; aber ich habe den Moment gesehen, in welchem die beiden jungen Phänomene würden im Zustand von Beefsteaks verzehrt werden, und ich habe für den Arm gezittert, den sie auf dem Rücken tragen.

Ohne Zweifel durch diesen Angriff aufgeregt, machten sie Umstände, sich sehen zu lassen. Die Kuh wich zurück, der Hammel stieß mit den Hörnern; schließlich hob man ihre grüne Decke mit den gelben Franzen ab; ihr Anhängsel wurde gezeigt und so schloß die Vorstellung.

Auf dem Leuchtturm von Brest: – Hier endet die alte Welt; dies ist ihr äußerster Punkt, ihr letzter Markstein. Hinter einem liegt ganz Europa, ganz Asien; vor einem liegt das Meer, und das ganze Meer. So groß für unsere Augen die Räume sind, sind sie nicht immer begrenzt, sobald wir ihnen einen Markstein wissen? Sieht man nicht von unsern Küsten aus jenseits des Kanals die Trottoirs von Brighton und die Landhäuschen der Provence, umfaßt man nicht das ganze Mittelmeer wie ein ungeheures Azurbecken in einer Felsenmuschel, die am Rande mit einsinkendem Marmor bedeckte Vorgebirge, gelber Sand, hängende Palmen, Sand und Golfe, die sich erweitern, ziselieren? Aber hier hält nichts mehr auf. Schnell wie der Wind kann der Gedanke lausen, und wenn er sich ausbreitet, hinschweift, sich verliert, er trifft nur Wogen; dann hinten freilich, ganz hinten, da unten, auf dem Horizont der Träume, das unbestimmte Amerika, vielleicht namenlose Inseln, irgendein Land mit roten Früchten, mit Kolibris und Wilden, oder die stumme Dämmerung der Pole mit dem Wasserstrahl der blasenden Wallfische, oder die großen hellen Städte aus farbigem Glas, Japan mit den Dächern aus Porzellan, China mit den durchbrochenen Treppen in Pagoden mit goldenen Glocken.

So bevölkert und belebt der Geist dies Unendliche, um es einzuengen, weil er seiner unaufhörlich müde wird. Man denkt nicht an die Wüste ohne die Karawanen, an den Ozean nicht ohne Schiffe, an den Schoß der Erde nicht ohne die Schätze, die man darinnen annimmt. Wir kehrten über die Klippe nach le Conquet zurück. Die Wogen sprangen an ihrer Basis. Aus der Weite herbeijagend stießen sie gegen die großen regungslosen Blöcke und bedeckten sie alsbald mit ihrer zitternden Decke. Eine halbe Stunde darauf kamen wir, in unserm Bankwagen von zwei kleinen, fast wilden Pferden gezogen, nach Brest zurück, von wo wir am zweiten Tage daraus mit vielem Vergnügen aufbrachen. Wie sie sich vom Gestade entfernt und zum Kanal hinaufsteigt, wechselt die Gegend den Charakter, sie wird weniger rauh, weniger keltisch, die Dolmen treten seltener auf, die Heide verschwindet in dem Maße, wie das Korn sich ausdehnt, und allmählich kommt man so in jenes fruchtbare und flache Land um Léon, das, wie M. Pitre-Chevalier es so liebenswürdig ausgedrückt hat, das „Attika der Bretagne“ ist.

Landerneau ist ein Ort, wo es am Ufer des Flusses eine Ulmenpromenade gibt, und wo wir in den Straßen einen geängstigten Hund laufen sahen, dem man eine Kasserolle an den Schwanz gebunden hatte. Um zum Schloß de la Joyeuse-Garde zu kommen, muß man zunächst dem Ufer des Eilorn folgen, dann lange in einem Hohlwege, den niemand beschreitet, durch einen Wald marschieren. Bisweilen lichtet sich das Buschholz; dann erscheint durch die Zweige die Weide oder das Segel eines Fahrzeugs, das den Fluß hinauffährt. Unser Führer war uns voraus, weit, in der Ferne. Allein zusammen traten wir jenen guten Boden der Wälder, wo die violetten Büschel des Heidekrauts unter den abgefallenen Blättern im zarten Grase wachsen. Man roch die Erdbeeren und Veilchen; über den Stümpfen der Bäume streckten die langen Farren ihre schlanken Wedel aus. Es war drückend; das Moos war lau. Unter dem Laub verborgen stieß der Kuckuck seinen langen Schrei aus; auf den Lichtungen summten die Mücken, indem sie mit den Flügeln schwirrten.

Seelenruhig und vom Marsch ins Gleichgewicht gebracht, ergossen wir ungehindert unsere Plauderphantasien, die wie die Flüsse aus großen Mündungen strömten; wir plauderten von den Tönen, den Farben, wir sprachen von den Meistern, von ihren Werken, von den Freuden des Denkens, wir träumten von Stilwendungen, von Bildecken, von Kopfhaltungen, von Faltenwürfen; wir sagten uns ein paar gewaltige Verse her, eine für andere unbekannte Schönheit, die uns unaufhörlich erfreute, und wir wiederholten den Rhythmus, wir grübelten über seine Worte, wir kadenzierten so stark, daß er gesungen war. Dann rollten sich ferne Landschaften auf, irgendeine prachtvolle Gestalt kam daher, Liebesschauer tauchten auf für einen Mondschein Asiens, der sich auf Kuppeln spiegelte, Rührungen der Bewunderung bei einem klangvollen Namen, oder das naive Auskosten einer plastischen Phrase aus einem alten Buch.

Und im Hofe der Joyeuse-Garde gelagert, nahe beim eingestürzten Keller, unter dem Rundbogen ihrer efeubekleideten einzigen Arkade, plauderten wir von Shakespeare, und wir fragten uns, ob die Sterne Bewohner hätten. Dann brachen wir auf, ohne dem verfallenen Wohnsitz des guten Lancelot, den eine Fee seiner Mutter raubte, und den sie auf dem Grunde eines Sees in einem Palast aus Juwelen aufzog, mehr als kaum einen Blick zu gönnen. Die Zauberzwerge sind verschwunden; die Zugbrücke ist davongeflogen, und die Eidechse schleicht, wo die schöne Genofefa spazieren ging und von ihrem Geliebten träumte, der nach Trapezunt gezogen war, die Riesen zu bekämpfen.

Wir kehrten auf denselben Pfaden in den Wald zurück; die Schatten wurden lang, das Gesträuch und die Blumen erkannte man nicht mehr, und die niederen Berge vor uns streckten ihre bläulichen Gipfel in den erblassenden Himmel. Der bis zu einer halben Stunde diesseits der Stadt in künstlichen Ufern gehaltene Fluß läuft von da an wie er will und tritt frei auf die Wiesen über, die er durchschneidet; seine lange Krümmung breitete sich in der Ferne aus und die Wasserlachen, die die untergehende Sonne färbte, glichen großen Goldplatten, die auf dem Grase vergessen waren.

Bis la Roche-Maurice schlängelt der Eilorn sich neben der Straße hin, die die felsigen Hügel umzieht, deren unregelmäßige Brüste ins Tal einspringen. Wir durcheilten es im Trab in einem friedlichen Wägelchen, das ein Kind, auf der Deichsel sitzend, führte. Sein Hut, der keine Bänder hatte, flog im Wind davon, und auf den Stationen, die es machen mußte, um abzusteigen und ihn wieder zu holen, hatten wir alle Muße, die Landschaft zu bewundern.

Das Schloß von la Roche-Maurice war ein echtes Burggrafenschloß, ein Geiernest auf dem Gipfel eines Berges. Man steigt auf einem fast senkrechten Hang hinauf, an dem entlang eingefallene Mauerwerkblöcke als Stufen dienen. Von ganz oben sieht man durch ein Mauerstück, das aus flachen, aufeinander gelegten Blöcken besteht, und in dem noch weite Fensterbogen erhalten sind, das ganze Land; Wälder, Felder, den Fluß, der zum Meer strömt, das weiße Band der Straße, die sich dehnt, die Berge, die ihre ungleichen Kämme zacken und die große Wiese, die sie trennt, indem sie sich mitten drin ausstreckt.

Ein Treppenfragment führt zu einem verfallenen Turm. Hier und dort ragen Steine aus dem Gras empor, und der Fels zeigt sich zwischen den Steinen. Es scheint bisweilen, daß er von selber künstliche Formen hat, und daß vielmehr die Ruine, je mehr sie zerbröckelt, sich mit natürlichem Schein überkleidet und in die Materie zurücktritt.

Über ein großes Mauerstück steigt von unten ein Efeustamm herauf; schmal an der Wurzel, erweitert er sich zu einer umgekehrten Pyramide, und in dem Maße, wie er steigt, wird seine grüne Farbe, die unten hell und am Gipfel schwarz ist, dunkler. Durch eine Öffnung, deren Ränder im Laub verborgen waren, drang das Blau des Himmels durch.

In dieser Gegend lebte der berühmte Drache, den einst der Chevalier Derrieu getötet hat, als er mit seinem Freunde Neventer aus dem heiligen Lande zurückkam. Er begann ihn anzugreifen, nachdem er zuvor den unglücklichen Eilorn aus dem Wasser gezogen hatte, der sich selber, nachdem er nacheinander hatte seine Sklaven, seine Vasallen, seine Diener hergeben müssen (ihm blieb nur noch seine Frau und sein Sohn), von der Höhe seines Turms kopfüber in den Fluß gestürzt hatte; aber das Ungeheuer, tödlich verwundet und mit der Schärpe seines Siegers gebunden, ertränkte sich bald zu Poulbeunzual im Meere, wie es auch auf Befehl des heiligen Pol de Léon das Krokodil der Insel Batz getan hatte, das mit der Stola des bretonischen Heiligen gebunden war, wie es später dem Drachen von Rouen mit der des heiligen Romanus geschah.

Wie schön sie waren, diese alten grausigen Drachen, denen die Zähne bis hinten in den Rachen hinein standen, die Flammen spieen, eine Schuppenhaut, einen Schlangenschweif, Fledermausflügel, Löwenklauen, einen Pferdeleib, einen Hahnenkopf hatten und *dem Basilisken glichen*! Und auch der Ritter, der sie bekämpfte, war ein ungestümer Herr! Erst bäumte sich sein Pferd und hatte Angst, seine Lanze brach an den Schuppen des Tieres in Stücke, und der Dampf aus seinen Nüstern machte ihn blind.

Schließlich stieg er ab, und nach einem langen Tage faßte er ihn mit einem tüchtigen Stoß des Schwertes, das bis zum Heft eingebohrt blieb, unterm Bauch. Ein schwarzes Blut sprang in dicken Sprudeln hervor, und das Volk führte den Ritter, der später der König des Landes wurde und eine schöne Dame zur Gattin nahm, im Triumph zurück.

Aber sie, woher kamen sie? Wer hat sie geschaffen? War es die dunkle Erinnerung an die Ungeheuer vor der Sündflut? Wurden sie einst auf dem Skelett der Ichthyosauren und der Pteropoden erträumt und hat das Grauen der Menschen den Schall ihrer Schritte im weiten Schilf gehen zu hören und das Seufzen des Windes zu vernehmen geglaubt, wenn ihre Stimme sich in den Höhlen verlor? Stehen wir nicht übrigens im Lande der Ritter von der Tafelrunde, in der Gegend der Feen, in Merlins Heimat, an der mythologischen Wiege verschwundener Epen? Ohne Zweifel offenbarten sie diese alten, phantastisch geworbenen Wellen, sagten sie uns etwas über verschlungene Städte. Is, Herbadilla, prachtvolle und wilde Städte, voll von der Liebe königlicher Zauberinnen, die das Meer, das darüber gestiegen ist, und die Religion, die ihr Gedächtnis verflucht hat, auf ewig doppelt verlöschten.

Darüber ließe sich vieles sagen. Aber worüber ließe sich nicht vieles sagen! Freilich, wenn es sich nicht um Landivisiau handelt, denn der geschwätzigste Mensch ist gezwungen, konzis zu sein, wo der Stoff fehlt.

Ich bemerke, daß die guten Länder im allgemeinen die häßlichsten sind; sie gleichen den tugendhaften Frauen; man achtet sie, aber man geht vorüber, um andere zu suchen. Hier ist sicherlich der fruchtbarste Winkel der Bretagne; die Bauern sind weniger arm, die Felder besser bebaut, der Raps prachtvoll, die Wege gut gehalten, und all das ist sterbenslangweilig.

Kohl, Wurzeln, viele Rüben und unmäßig viel Kartoffeln, alle regelmäßig in Gräben eingeschlossen, bedecken das Land von Saint-Pol de Léon bis Roscoff. Man verschickt sie nach Brest, nach Rennes, ja, bis nach Le Havre; es ist die Industrie des Landes; man treibt bedeutenden Handel damit. Aber was geht das mich an?

In Roscoff entblößt das Meer vor den Häusern seinen schlammigen Strand, biegt sich dann in einen engen Golf und ist nach draußen ganz gefleckt von schwarzen Inselchen, geschwellt wie Schildkrötenrücken.

Das Land um Saint-Pol ist von kalter Trauer. Der düstere Ton der langsam gewellten Felder stößt ohne Übergang an die Blässe des Himmels, und die kurze Perspektive hat in ihren Verhältnissen keine großen Linien, noch

Farbenwechsel an ihren Rändern. Hier und dort trifft man, wenn man in die Felder geht, hinter einer Mauer aus grauen Steinen einen schweigsamen Pachthof, ein verlassenes Herrenhaus, in das die Herren nicht mehr kommen. Auf dem Hofe, auf dem Dunghaufen schlafen die Schweine, zwischen den aus den Fugen geratenen Fliesen, unter dem Rundbogen des Einganges, dessen ziseliertes Wappenschild von der Luft zerfressen ist, picken die Hennen Hafer auf. In den leeren Zimmern, die als Kornboden dienen, fällt der Stuck der Decke mit den Resten der Malereien herab, stumpf geworden durch die Gewebe der Spinnen, die man auf den Balken laufen sieht. Wilder Reseda ist auf der Tür von Kersalion gewachsen, wo noch nahe beim Türmchen ein Spitzsäulenfenster steht, das von einem Löwen und einem Herkules flankiert wird, die wie Wasserspeier aus der Mauer springen. Zu Kerjean bin ich in der großen Wendeltreppe gegen eine Wolfsfalle gestoßen. Pflugscharen, verrostete Scheiteisen und trockene Kürbiskerne liegen durcheinander auf dem Parkett der Zimmer oder versperren die großen Steinsitze in den Fensternischen.

Kerouséré hat seine drei Pechnasentürmchen erhalten, und im Hofe erkennt man noch die große Furche der Gräben, die sich ganz allmählich füllt und sein Niveau erreicht, wie sich die Spur einer Barke auf dem Wasser glättet und ausgleicht. Von der Plattform des einen der Türme – die anderen haben spitze Dächer – entdeckt man am Ende eines Feldes zwischen zwei niederen, waldbedeckten Hügeln das Meer. Die Fenster des ersten Stockwerks, die zur Hälfte geschlossen sind, damit der Regen nicht einbringt, gehen auf einen von hohen Mauern umschlossenen Garten. Die Distel bedeckt den Rasen, und auf den Beeten hat man Getreide gesät, das Rosenstämme einschließen.

Zwischen einem Felde, wo die reifen Köpfe der Ähren sich im Takte neigten, und einer Ulmenwand, die auf dem Rande eines Grabens gepflanzt war, zog sich durch das Gestrüpp ein schmaler Pfad hin. Im Getreide leuchtete der Feldmohn; von der Böschung der Terrasse hingen Blumen und Ranken herab; Nesseln, wilde Rosen, stachelbesetzte Stengel, dicke Blätter mit glänzender Haut, schwarze Maulbeeren, roter Fingerhut vereinigten ihre Farben, verschlangen ihre Zweige, zeigten ihre verschiedenen Blätter, streckten ihre ungleichen Sprößlinge aus und kreuzten auf dem grauen Staub ihre Schatten gleich den Maschen eines Netzes.

Wenn man über eine Wiese gestreift ist, wo sich, von den Binsen gehindert, das Rad einer alten Mühle dreht, deren Mauer man entlanggehen muß, indem man auf große Steine tritt, die ins Wasser gelegt sind, um als Brücke zu dienen, sieht man sich bald wieder auf der Straße von Saint-Pol, an deren Ende sich, auf allen Seiten durchbrochen, der Helm des Kirchturms von Kreisker erhebt; fein, schlank und gestützt auf einen Turm, der von einer Balustrade überragt wird, macht er von fern den besten Eindruck von der Welt; aber je mehr man sich ihm nähert, um so kleiner wird er und um so häßlicher, und schließlich findet man nur eine Kirche wie alle Kirchen, mit einer leeren Halle, deren Statuen fort sind. Auch die Kathedrale ist von einer schwerfälligen Gotik, mit Ornamenten überlastet, mit Stabwerk ausstaffiert; aber eins gibt es zu Saint-Pol, und das ist die Table d'hote seines Gasthofes.

Sie wurde freilich von einer artigen Dirne serviert, die einem mit ihren goldenen Ohrringen auf dem weißen Halse, in ihrer Haube mit den wie bei Molières Soubretten aufgestülpten Schleifen, und vor allem mit ihren lebhaften blauen Augen schon hätte Lust machen können, anderes von ihr zu verlangen als Teller! Aber die Gäste! Was für Gäste! Alles Stammgäste! Das obere Ende wurde von einem Wesen in Sammetjacke und Kaschmirweste eingenommen. Er wand gern seine Serviette um angebrochene Flaschen, um sie wiederzuerkennen. (Er teilt die Suppe aus. Zu seiner Linken aß, den Hut auf dem Kopfe, ein Herr in hellgrauem Rock, der an den Ärmelaufschlägen und am Hals mit einer nach Pelzmanier gekräuselten Wolle besetzt war; er ist am Kolleg der Stadt Musikprofessor. Aber die Musik ermüdet ihn, er hat genug von ihr, er wünscht, eine Stellung, einerlei welche, von achthundert bis zwölfhundert Franken, mehr nicht, zu erlangen. Er sieht wenig auf Geld, mehr auf das Ansehen; er wünscht nur eine Stellung. Da er stets ankam, wenn man schon begonnen hatte, ließ er sich die Schüsseln wieder heraufkommen, schickte sie wieder fort, nieste dann stark, spuckte weit weg, wiegle sich auf dem Stuhle, trällerte ganz leise, legte sich auf den Tisch und ließ seinen Zahnstocher krachen.

Die ganze Gesellschaft achtet ihn, das Mädchen bewundert ihn, wenn er spricht, und ich bin überzeugt, sie ist in ihn verliebt. Die gute Meinung, die er von sich selber hat, zeigt sich in seinem Lächeln, seinen Worten, seinem Schweigen, seinen Gesten, seinem Hut, und sie rinnt wie Schweiß über seine ganze schmutzige Person.

Uns gegenüber blickte uns ein ergrauendes, gekräuseltes, quabbeliges und untersetztes Individuum mit roten Tatzen, dicken und geifernden Lippen, dessen Stimme kläffte, während er seine Nahrung kaute, derart an, daß wir sehr an uns halten mußten, um ihm nicht die Wasserflasche an den Kopf zu werfen. Der Rest machte die Galerie und trug zur Gesamtwirkung bei.

(Eines Abends drehte die Unterhaltung sich um eine Dame aus der Umgegend, die, einst aus ihrer Wohnung ausgerückt, mit ihrem Geliebten nach Amerika geflohen war und in der Woche zuvor auf der Durchreise durch Saint-Pol, um in ihren Ort zurückzukehren, im Gasthof Halt gemacht hatte. Man wunderte sich über diese Frechheit, und man begleitete ihren Namen mit allerlei Epithetis. Man ging ihr ganzes Leben durch, man lachte vor Verachtung, man beschimpfte sie trotz ihrer Abwesenheit, man redete sich ganz rot, man hätte sie da festhalten mögen, „um ihr ein wenig die Meinung zu sagen und zu sehen, was sie geantwortet hätte“. Reden gegen den Luxus und tugendhafte Entrüstung, Haß gegen die Toilette und moralische Maximen, zweideutige Worte und Achselzucken, alles wurde nach Belieben aufgewandt, um diese Frau niederzuwerfen, die nach der Erbitterung dieser Bauern zu urteilen, vielmehr elegante Manieren, eine verfeinerte Natur, zarte Nerven und ohne Zweifel ein hübsches Gesicht haben mußte. Unwillkürlich pochte uns das Herz vor Zorn, und hätten wir in Saint-Pol nur noch ein Diner mehr eingenommen, so wäre uns unfehlbar ein Abenteuer zugestoßen ...

Kapitel XI.

Saint-Malo, aufs Meer gebaut und von Wällen umschlossen, scheint, wenn man ankommt, ein Kranz aus auf die Wellen gelegten Steinen, deren Blumen Pechnasen sind. Die Wogen schlagen gegen die Mauern und brechen sich bei Ebbe zu ihrem Fuß auf dem Sande. Kleine, seetangbedeckte Felsen steigen niedrig aus dem Strand auf und gleichen schwarzen Flecken auf der gelben Fläche. Die größeren tragen, senkrecht und ganz glatt aufsteigend, auf ihren ungleichmäßigen Gipfeln die Fundamente der Befestigungen und verlängern so die graue Farbe und verstärken ihre Höhe.

Über dieser gleichförmigen Linie von Wällen, aus der hier und dort Türme vorspringen und die an anderen Stellen der scharfe Spitzbogen der Türme durchbricht, sieht man die aneinandergedrängten Dächer der Häuser mit ihren Ziegeln und ihrem Schiefer, ihren kleinen, offenen Luken, ihren ausgeschnittenen Wetterfahnen, die sich drehen, und ihren Schornsteinen aus rotem Töpferton, deren bläuliche Rauchfäden sich in der Luft verlieren. Im ganzen Umkreise erheben sich rings im Meere trockene Inseln, ohne Bäume und Gras, auf denen man von ferne ein paar von Schießscharten durchbrochene Mauerstücke erkennt, die in Ruinen fallen und von denen jeder Sturm große Brocken fortreißt.

Der Stadt gegenüber, mit dem Festlande durch eine lange Werft verbunden, die den Hafen vom offenen Meere trennt, auf der andern Seite des Bassins, dehnt sich das Quartier Saint-Servan aus, leer, geräumig, fast verlassen, und ganz behaglich in eine große sumpfige Wiese gebettet. Am Eingange erheben sich die vier Türme des Schlosses von Solidor, die untereinander durch Kourtinen verbunden und von oben bis unten schwarz sind. Das allein belohnt uns dafür, daß wir diesen unter der vollen Julisonne langen Weg über den Strand gemacht hatten, mitten durch Zimmerhöfe zwischen den kochenden Pechtöpfen hindurch und den Feuern aus Hobelspänen, mit denen man die Gerippe der Schiffe abflammte.

Der Weg um die Stadt auf den Wällen ist einer der schönsten Spaziergänge, die es gibt. Niemand kommt dort hin. Man setzt sich in die Kanonenscharten, die Füße über dem Abgrund. Vor sich hat man die Mündung der Rance, die wie ein Tal zwischen zwei grünen Hügeln ausfließt, und dann die Küsten, die Felsen und Inseln, und überall das Meer. Hinter einem geht der Posten auf und ab, dessen regelmäßiger Schritt auf hallende Fliesen tritt.

Eines Abends blieben wir lange dort. Die Nacht war mild, eine schöne Sommernacht, mondlos, aber funkelnd von den Feuern des Himmels, gewürzt vom Windhauch des Meeres. Die Stadt schlief; die Lichter verschwanden eins nach dem andern aus den Fenstern, die fernen Leuchttürme glänzten als rote Flecken im Schatten, der über unseren Köpfen blau war und an tausend Stellen mit zitternden und strahlenden Sternen punktiert. Man sah das Meer nicht, man hörte es, man roch es, und die Wogen, die gegen die Wälle peitschten, sandten uns durch das weite Loch der Pechnasen die Tropfen ihres Schaumes herauf. An einer Stelle sind zwischen den Häusern der Stadt und der Mauer in einem Graben ohne Grün Kugelhaufen aufgereiht.

Von da aus kann man am zweiten Stockwerk eines Hauses lesen: „Hier ist Chateaubriand geboren."

Weiterhin wird die Mauer durch den Bauch eines dicken Turmes unterbrochen: das ist die Quinquengrogne; ebenso wie ihre Schwester, die Générale ist sie hoch, bauchig, furchtbar, in der Mitte wie eine Hyperbel ausgebaucht, und sie hält immer noch gut. Noch intakt und fast wie neu, wären sie ohne Zweifel wertvoller, wenn sie die Steine ihrer Zinnen ins Meer abwürfen und wenn über ihren Häuptern das düstere Laub im Winde zitterte, das den Ruinen fremd ist. Werden nicht die Monumente wie die Menschen und die Leidenschaften durch die Erinnerung größer? Werden sie nicht durch den Tod vollkommen? Wir gingen in das Schloß. Der verödete Hof, wo die verkümmerten Weiden auf der Erde ihren Schatten ründen, war schweigsam wie der eines Klosters. Die Frau des Portiers ging, um die Schlüssel vom Kommandanten zu holen; sie kehrte in Gesellschaft eines hübschen kleinen Mädchens zurück, das sich zu seinem Vergnügen die Fremden ansehen wollte. Es hatte nackte Arme und trug ein großes Bukett. Sein schwarzes, von Natur krauses Haar hing unter dem niedlichen Kopftuch hervor, und die Spitze seiner Hose flatterte über seinen kleinen Schuhen aus Ziegenleder, die mit schwarzen Schnüren um seine Knöchel befestigt waren. Es ging auf der Treppe vor uns her, lief und rief uns.

Man steigt lange, denn der Turm ist hoch. Das lebhafte Licht der Schießscharten dringt wie ein Pfeil durch die Mauer. Wenn man den Kopf durch ihre Spalte steckt, sieht man das Meer, das mehr und mehr zu versinken scheint, und die helle Farbe des Himmels, der immer größer wird, so daß man Furcht hat, sich darin zu verlieren. Die Schiffe scheinen Schaluppen, und ihre Masten Spazierstöcke. Die Adler müssen uns für so groß wie Ameisen halten.

Sehen sie uns auch nur? Wissen sie, daß wir Städte haben, Triumphbogen und Kirchtürme? Auf der Plattform angelangt, kann man sich, obgleich die Zinne bis zur Brust reicht, jener Erregung nicht erwehren, die einen auf allen schlanken Höhen erfaßt; eines wollüstigen Unbehagens, gemischt aus Furcht und Vergnügen, Hochmut und Schrecken, eines Kampfes zwischen dem Geist, der genießt, und den Sinnen, die leiden. Man ist sonderbar glücklich; man möchte fort, sich in die Luft werfen, fliegen, sich in ihr verbreiten, von den Winden getragen werden, und die Knie zittern und man wagt sich nicht dem Rande zu nähern.

Und doch sind Leute da eines Nachts an einem Strick heraufgeklettert, aber ehemals! In jenem fabelhaften sechzehnten Jahrhundert, der Epoche wilder Überzeugungen und rasender Liebe. Wie das menschliche Instrument da mit allen Saiten geschwungen hat! Wie der Mensch weit war, voll und fruchtbar! Kann man nicht von dieser Zeit das Wort Fenelons sagen: „Ein Schauspiel, nach Wunsch zur Lust der Augen geschaffen?“ Denn, ohne gleich von den Vordergründen zu reden, den Glaubensbekenntnissen, die wie einstürzende Berge auf ihren Fundamenten krachen, neuen Welten, die man entdeckt, verlorenen Welten, die man ausgräbt, und von Michelangelo unter seiner Kuppel, vom lachenden Rabelais, vom schauenden Shakespeare und vom träumenden Montaigne; wo sonst mehr Entwicklung in den Leidenschaften finden, mehr Ungestüm in den Taten des Mutes, mehr Strenge des Willens, kurz, eine vollständigere Entfaltung der Freiheit, die sich unter allen angeborenen Bestimmungen durchsetzt und wendet? Und mit welchem Relief löst sich daher auch diese Episode aus der Geschichte, und wie fügt sie sich doch auch wieder wunderbar hinein, um ihrer Farbe Glanz zu verleihen und ihre Horizonte zu vertiefen! Gestalten ziehen vor einem vorüber, die in drei Zeilen leben: man trifft sie nur einmal; aber lange träumt man sie, und man müht sich, sie zu betrachten, um sie besser zu erfassen. Waren unter anderen jene der alten Haudegen nicht schön und furchtbar, eines Geschlechts, das etwa gegen 1598 mit der Einnahme von Vervins verschwand, wie zum Beispiel Lamouche, Heurtaud de Saint-Offrange, La Tremblaye, der davonzog, indem er das Haupt seiner Feinde in der Faust trug, oder jener La Fontenelle, von dem man gesprochen hat; Eisenmänner, deren Herz sich so wenig bog wie die Schwerter, und die, tausend divergierende Energienan sich ziehend und mit ihnen lenkend, die Städte weckten, indem sie nachts im Galopp in ihre Mauern einzogen, Freibeuterschiffe ausrüsteten und die Felder verbrannten, und mit denen man wie mit Königen unterhandelte! Wer hat davon geträumt, jene gewalttätigen Provinzstatthalter zu malen, die die Menge aussaugten, die Frauen vergewaltigten und das Gold zusammenrafften, wie d'Epernon, der furchtbare Tyrann in der Provence und der parfümierte Schäker im Louvre, wie Montluc, der die Hugenotten mit eigenen Händen erdrosselte, oder wie Baligni, jener König von Cambrai, der Macchiavell las, und dessen Frau zu Pferde, den Helm auf dem Kopfe und im Küraß auf der Bresche erschien.

Einer der vergessensten Männer dieser Zeit, einer von denen wenigstens, den zu nennen sich die meisten Historiker begnügen, ist der Herzog von Mercoeur, der unerschrockene Feind Heinrichs IV., der ihm länger widerstand als Mayenne, länger als die Liga und als Philipp II. Schließlich entwaffnet, das heißt, gewonnen, beruhigt (unter solchen Bedingungen, daß man dreiundzwanzig Artikel des Vertrags geheim hielt), wußte er nicht mehr, was er beginnen sollte und ging nach Ungarn in Dienst; da kämpfte er gegen die Türken, griff ihrer einmal mit fünftausend Mann eine ganze Armee an, wollte dann, noch einmal dort besiegt, nach Frankreich zurückkehren und starb in Nürnberg im Alter von vierundvierzig Jahren in seinem Bett am Fieber. Saint-Malo hat ihn mir wieder ins Gedächtnis gerufen. Er geriet immer mit ihm zusammen und Konnte es nie weder als Untertanen noch als Bundesgenossen bekommen. Sie verstanden es freilich, auf ihre eigene Rechnung Krieg zu führen und mit eigenen Kräften Handel zu treiben, und obgleich sie im Grunde Ligisten waren, wiesen sie den Herzog zurück, ohne darum den Bearnesen zu wollen.

Als der Sieur de Fontaines, der Statthalter der Stadt, ihnen den Tod Heinrichs III. bekannt gegeben hatte, weigerten sie sich, den König von Navarra anzuerkennen. Man griff zu den Waffen, man baute Barrikaden. Fontaines schloß sich im Schloß ein und alle blieben bei der Defensive. Allmählich faßten sie ihre Beute. Zunächst verlangten sie von Fontaines, er solle erklären, er wolle sie in ihren Freiheiten erhalten. Fontaines gab nach, da er hoffte, Zeit zu gewinnen. Im folgenden Jahre (1589) wählten sie vier vorn Statthalter unabhängige Generale. Das Jahr darauf setzten sie es durch, Ketten spannen zu dürfen, Fontaines bewilligte es nochmals. Der König war zu Laval, er erwartete ihn. Der Moment war nah, wo er sich mit einem

Schlage für all die empfangenen Demütigungen rächen würde, für alle gemachten Konzessionen. Aber er beeilte sich zu sehr und verriet sich. Als die Malouinen kamen, ihn an seine Versprechungen zu erinnern, antwortete er ihnen, wenn der König sich zeige, werde er ihm die Tore öffnen. Von da an war man entschlossen.

Das Schloß hatte vier Türme. Über den höchsten, die *Générale*, versuchten sie die Besteigung. Solche Tollköpfe waren damals nicht selten: Beweis die Besteigung der Klippe von Fécamp durch Bois-Rosé und die Bestürmung des Schlosses von Blein durch Goebriant. Man verabredet sich, man versammelt sich mehrere Abende nacheinander bei einem gewissen Frotet, Sieur de la Landelle, man beredet sich mit einem schottischen Kanonier vom Ort, und in einer Nebelnacht brechen alle bewaffnet auf, begeben sich unter die Mauern der Stadt, lassen sich an Stricken hinausgleiten und nähern sich dem Fuß der*Générale*.

Dort warteten sie. Ein plötzliches Rascheln macht sich auf der Mauer vernehmbar; ein Drahtknäuel fiel, sie hefteten rasch ihre Leiter daran, sie wurde vom Kanonier am Turm hinaufgehißt, und am äußersten Ende einer in dem Rahmen der Zinne aufgeprotzten Feldschlange befestigt. Michel Frotet stieg als erster hinauf, dann Charles Anselin, La Blissais und die anderen. Die Nacht war finster; der Wind blies; sie kletterten langsam, den Dolch zwischen den Zähnen, mit den Füßen nach den Leitersprossen tastend und mit den Händen vorwärtsgreifend. Plötzlich (sie waren schon in der Mitte) fühlen sie, wie sie sinken, die Leiter hat sich gelöst! Kein Schrei, sie blieben regungslos. Das Gewicht all dieser Leute hatte die Feldschlange gekippt; sie wurde vom Rahmen der Zinne gehalten; dann begannen sie wieder zu steigen und kamen alle nacheinander auf der Plattform des Turmes an.

Die betäubten Pasten hatten keine Zeit, Alarm zu schlagen. Die Garnison schlief oder spielte auf den Trommeln Würfel. Der Schreck ergriff sie, sie flohen in den Hauptturm. Die Verschworenen verfolgten sie dahin; man schlug sich auf den Treppen, in den Gängen, in den Zimmern, man zermalmte sich unter den Türen, man tötete, man erdrosselte. Die Bewohner der Stadt kamen zur Verstärkung; andere legten Leitern an die *Quinquengrogne*, drangen ohne Widerstand ein und begannen die Plünderung. La Peraudière, der Schloßleutnant, erblickte La Blissais und sagte: „Monsieur, das ist eine miserabele Nacht!“ Aber La Blissais gab ihm zu verstehen, es sei nicht die Zeit zum Reden. Noch hatte man den Grafen Fontaines nicht gesehen. Man ging in sein Zimmer, man fand ihn tot auf der Schwelle liegen, durchbohrt von einem Armbrustschuh, den ihm in dem Moment, als er heraustrat und ein Licht vor sich hertragen ließ, einer der Einwohner versetzt hatte. „Anstatt in der Gefahr herbeizueilen," sagt der Verfasser des Berichtes, „hatte er sich langsam angezogen, als wolle er zu einer Hochzeit gehen, und kein Nädelchen saß nicht an seinem Platz."

Diese Überrumpelung von Saint Malo, die dem König so viel schadete, half dem Herzog von Mercoeur in nichts. Er wünschte sehr, daß die Malouinen einen Statthalter aus seiner Hand annähmen, seinen Sohn zum Beispiel, ein Kind, das heißt also, ihn selber, aber sie blieben hartnäckig dabei, daß sie niemanden wollten. Er schickte ihnen Truppen, um sie zu schützen, sie wiesen sie zurück, und die Truppen waren gezwungen, außerhalb der Stadt zu lagern.

Sie wurden freilich dadurch nicht mehr zu Royalisten; denn als sie einige Zeit darauf den Marquis de la Noussaie und den Vicomte von Denoual gefangen hatten, kostete es den Marquis tausend Taler und den Vicomte zweitausend, aus dem Gefängnis herauszukommen. Dann fürchteten sie, Pont-Brient werde den Handel mit Dinan und den anderen Städten der Liga unterbrechen, und bemächtigte sich seiner. In der Annahme, ihr Bischof, der weltliche Herr der Stadt, könne sie gar wohl der Freiheit berauben, die sie gerade erworben hatten, setzten sie ihn ins Gefängnis und ließen ihn erst nach Verlauf eines Jahres los. Man weiß schließlich, unter welchen Bedingungen sie Heinrich IV. annahmen; sie sollten sich selber beschützen, keine Garnison erhalten, sechs Jahre lang von Steuern frei sein und so weiter.

Zwischen der Bretagne und der Normandie gelegen, scheint dieses kleine Volk zugleich zu haben: von der ersten die Zähigkeit, die granitene Widerstandsfähigkeit; von der zweiten das Ungestüm, die Begeisterung. Ob sie Seefahrer sind oder Schriftsteller oder Reisende in allen Meeren, was sie vor allem auszeichnet, das ist die Verwegenheit, gewalttätige Mannesnaturen, poetisch durch ihre Brutalität, oft auch beschränkt durch ihre Halsstarrigkeit. Diese Ähnlichkeit existiert zwischen jenen beiden Söhnen Saint-Malos, Lamennais und Broussais: sie waren stets gleichermaßen extrem in ihren Systemen, und sie haben mit der gleichen erbitterten Überzeugung den zweiten Teil ihres Lebens darauf verwendet, zu bekämpfen, was sie im ersten behauptet hatten. Im Innern der Stadt geht man durch kleine winklige Straßen, zwischen hohen Häusern, an schmutzigen Segelmacher- oder Kabeljauhändlerläden hin. Kein Wagen, kein Luxus; das ist schwarz und stinkt wie der Kielraum eines Schiffes. Das riecht nach Neufundland und gepökeltem Fleisch – der ranzige Geruch langer Reisen.

„Jede Nacht wird die Patrouille und Runde gemacht, mit großen englischen Hunden, sogenannten Doggen, die man abends mit einem Herrn, der sie führt, aus der Stadt läßt, und es tut nicht gut, da in der Nähe zu sein. Aber wenn der Morgen kommt, führt man sie an einem bestimmten Ort in der Stadt zurück, wo sie ihre ganze Wut ablegen, die des Nachts merkwürdig groß ist."

Abgesehen von dem Verschwinden dieser vierfüßigen Polizei, die einst Monsieur du Mollet verschlang, und deren Existenz hier durch einen zeitgenössischen Text bestätigt wird, hat sich das Äußere der Dinge ohne Zweifel wenig verändert, und selbst die zivilisierten Leute, die in Saint-Malo wohnen, behaupten, man sei dort sehr zurück. Das einzige Bild, das wir in der Kirche bemerkt haben, ist eine große Leinwand, die die Schlacht von Lepanto darstellt und Unserer-Frauen-vom-Siege gewidmet ist. Sie schwebt oben in den Wolken. Im Vordergrunde liegt die ganze Christenheit, Prinzessinnen und Könige mit den Kronen, auf den Knien. Im Hintergrunde stoßen die beiden Heere zusammen. Die Türken werden in die Fluten gestürzt, und die Christen heben die Arme zum Himmel.

Die Kirche ist häßlich, trocken, ohne Ornamente, fast protestantisch im Ausdruck. Ich habe wenig Ex-votos gesehen, hier im Angesicht der Gefahr etwas Sonderbares. In den Kapellen sind weder Blumen noch Kerzen, kein blutendes heiliges Herz, keine überladene Jungfrau, kurz, nichts von allem, was M. Michelet so sehr entrüstet. Gegenüber den Wällen erhebt sich, hundert Schritt von der Stadt entfernt, die Insel des Grand-Bay mitten in den Fluten. Dort befindet sich Chateaubriands Grab; jener weiße, in den Felsen geschnittene Punkt ist der Ort, den er für seinen Leichnam bestimmt hat. Wir gingen eines Abends bei Ebbe hin. Die Sonne ging unter. Das Wasser rann noch auf dem Sande. Am Fuße der Insel breitete sich der abtropfende Seetang wie das Haar antiker Frauen an einem großen Grabe aus.

Die Insel ist öde; ein seltenes Kraut wächst dort, unter das sich kleine Büschel violetter Blumen und große Nesseln mischen. Auf der Höhe steht eine verfallene Kasematte mit einem Hof, dessen alte Mauern einstürzen. Unter diesen Trümmern hat man auf halber Höhe direkt in den Abhang einen Raum von einigen zehn Fuß im Quadrat eingeschnitten, in dessen Mitte sich eine granitene Platte erhebt, auf der ein lateinisches Kreuz steht. Das Grab besteht aus drei Stücken, einem als Sockel, einem als Platte, einem als Kreuz.

Darunter wird er schlafen, den Kopf zum Meere gewendet; in diesem auf einer Klippe erbauten Grabe wird seine Unsterblichkeit sein, wie sein Leben war: von den anderen verlassen, und ganz von Stürmen umgeben. Die Wogen werden mit den Jahrhunderten lange um diese große Erinnerung murmeln; in den Stürmen werden sie bis zu seinen Füßen springen, oder an Sommermorgen, wenn die weißen Segel sich entfalten, und wenn die Schwalbe von jenseits der Meere kommt, dann werden sie ihm lang und weich die melancholische Wollust der Horizonte und die Liebkosung der weiten Winde zutragen. Und wenn die Tage so verstreichen, während die Fluten des heimatlichen Strandes immer zwischen seiner Wiege und seinem Grabe hin und her schwanken, dann wird sich das kalt gewordene Herz Renés langsam zum endlosen Rhythmus dieser ewigen Melodie in nichts zerstreuen. Wir sind um das Grab gegangen, haben es mit unseren Händen berührt, haben es angesehen, als enthielte es noch seinen Gast; wir haben uns zu seinen Seiten am Boden hingesetzt.

Der Himmel war rosig, das Meer ruhig und der Wind entschlafen. Keine Furche faltete die reglose Fläche des Ozeans, auf die die Sonne im Untergang ihr goldenes Licht herabgoß. Bläulich nur nach den Küsten zu und wie im Nebel verdunstend, war das Meer sonst überall rot und entflammter noch hinten am Horizont, wo sich in der ganzen Länge des Gesichtsfelds eine große Purpurlinie dehnte. Die Sonne hatte keine Strahlen mehr; sie waren von ihrem Antlitz gefallen und schienen, indem sie ihr Licht im Wasser ertränkten, auf ihm zu schwimmen. Sie stieg hinab und zog den rosigen Ton, den sie in den Himmel gegossen hatte, an sich, und in dem Maße, wie sie zusammen sanken, rückte das blasse Blau des Schattens vor und breitete sich über das ganze Gewölbe aus. Bald berührte sie die Wellen, beschnitt darauf ihre goldene Scheibe, versank zur Hälfte. Einen Moment sah man sie von der Linie des Horizontes in zwei Teile zerschnitten; der eine über ihr, ohne sich zu rühren, der andere darunter, zitternd und sich verlängernd; dann verschwand sie ganz; und als an der Stelle, wo sie ertrunken war, ihr Reflex nicht mehr wellte, schien es, als sei plötzlich eine Trauer über das Meer gekommen.

Der Strand schien schwarz. Die Scheibe eines der Häuser der Stadt, die eben noch wie Feuer glänzte, war erloschen. Die Stille verdoppelte sich; und doch hörte man Geräusche: die Woge schlug an die Felsen und fiel schwer zurück, Mücken mit langen Beinen summten um unsere Ohren, im Wirbel ihres durchsichtigen Flugs verschwindend, und die wirre Stimme der Kinder, die am Fuß der Wälle badeten, drang mit Lachen und Lärmen zu uns herauf. Wir sahen von fern, wie sie zu schwimmen versuchten, in die Wellen gingen, auf dem Ufer liefen.

Wir stiegen von der Insel hinab und gingen zu Fuß über den Sand. Die Flut kam und stieg schnell; die Rinnen füllten sich; in den Höhlungen der Felsen bebte das Moos, oder, vom Rande der Wogen gehoben, flog es in Flocken davon und tanzte auf der Flucht. Die nackten jungen Burschen kamen aus dem Bad; sie gingen, sich auf dem Kieselstreif, wo sie ihre Kleider gelassen hatten, anzuziehen. Wenn sie ihr Leinenhemd anziehn wollten, und es klebte an den nassen Schultern fest, sah man den weißen Rumpf sich vor Ungeduld winden, während Kopf und Arme verschleiert blieben und die Ärmel im Winde flatterten und wie Fähnchen klatschten.

Dicht neben uns kam ein Mann vorbei, dessen nasses Haar ihm senkrecht um den Hals fiel. Sein gebadeter Körper glänzte. Tropfen perlten in den krausen Massen seines schwarzen Bartes, und er schüttelte das Haar, um das Wasser hinauszuschleudern. Seine breite Brust, auf der ihm zwischen vollen, eckig geschnittenen Muskeln eine behaarte Furche den Thorax teilte, keuchte noch von der Anstrengung des Schwimmens und teilte seinem flachen Bauch, dessen Umriß nach den Flanken zu glatt war wie Elfenbein, eine ruhige Bewegung mit. Seine nervigen Schenkel mit den abgestuften Flächen spielten auf einem schmalen Knie, das fest und markig ein feines, kräftiges Bein entfaltete, an dem ein rundlicher Fuß mit kurzer Ferse saß, dessen Zehen sich spreizten. Er schritt langsam über den Sand.

O, wie schön die menschliche Gestalt ist, wenn sie in ihrer angeborenen Freiheit erscheint, so wie sie am ersten Tage der Welt erschaffen wurde! Wo sie finden, maskiert, wie sie jetzt ist, und auf immer verurteilt, nie mehr unter der Sonne zu erscheinen? Dieses große Wort der Natur, das die Menschheit abwechselnd mit Vergötterung oder Grauen wiederholt hat, das die Philosophen ergründeten, das die Dichter sangen, wie es sich verliert! Wie es vergessen wird! Fern von den Gauklerbühnen, wo man schreit, und von der Menge, wo man sich drängt – wenn es noch hier und dort auf der Erde gierige Herzen gibt, die ohne Unterlaß die Not der Schönheit plagt, die in sich stets jenes verzweifelnde Bedürfnis fühlen, zu sagen, was sich nicht sagen läßt, zu tun, was man träumt, gerade dahin, dahin müssen sie wie in die Heimat des Ideales eilen, dort müssen sie leben. Aber wie? Durch welche Chemie? Der Mensch hat die Wälder gefällt, er peitscht die Meere, und über den Städten bildet der Himmel Wolken aus dem Rauch seiner Herde. Der Ruhm, seine Mission sagen andere – ist sie nicht eben, stets so zu gehen, das Werk Gottes anzugreifen und zu besiegen? Er leugnet es, er zerbricht es, er zermalmt es, noch bis in diesen Leib hinein, über den er errötet und den er wie ein Verbrechen verbirgt.

Und da der Mensch so wurde, was zu erkennen am schwierigsten und seltensten ist (ich rede nicht von seinem Herzen, o Moralisten!), so hat sich daraus ergeben, daß der Künstler die Gestalt nicht kennt, die er hat, noch dieEigenschaften, die sie schön machen. Wo ist der Dichter von heute, unter allen Gelehrtesten, der weiß, was die Frau ist? Wo hätte er sie je gesehen, der arme Teufel? Was hat er von ihr in den Salons, durch das Korsett oder die Krinoline hindurch, oder selbst in seinem Bett, in den Zwischenspielen der Lust erfahren können?

Und doch lehrt die Plastik den, der sie betrachtet, besser als alle Rhetorik der Welt, die Abstufung der Proportionen, die Verschmelzung der Flächen, kurz, die Harmonie! Die antiken Rassen haben so durch die bloße Tatsache ihres Daseins die Reinheit ihres Blutes und den Adel ihrer Haltungen auf die Werke der Meister übertragen. Ich höre dunkel bei Juvenal das Röcheln der Gladiatoren; Tacitus hat Wendungen, die dem Faltenwurf der Senatorentoga gleichen, und bestimmte Verse des Horaz haben das Kreuz griechischer Sklaven und wiegen sich in den Hüften, und sie haben Kürzen und Längen, die wie die Krotalen klingen.

Aber warum sich mit diesen Albernheiten quälen? Suchen wir nicht so fern, begnügen wir uns mit dem, was gemacht wird. Was man heute verlangt, ist das nicht gerade das Gegenteil des Nackten, des Einfachen und Wahren? Glück und Erfolg denen, die die Dinge zu verdecken und zu bekleiden wissen! Der Schneider ist der König des Jahrhunderts, das Feigenblatt ist sein Symbol; Gesetze, Künste, Politik, überall die Badehose! Lügnerische Freiheiten, plattierte Möbel, falsche Malerei, das liebt das Publikum. Gebt es ihm, pfropft es damit, mästet den Blödkopf! ...

... Die Straße von Pontorson zum Mont Saint-Michel ist wegen des Sandes beschwerlich. Unsere Postchaise (denn wir reisen auch mit der Postchaise) wurde jeden Moment durch Mengen von Karren gestört, die voll einer grauen Erde waren, wie man sie in dieser Gegend gewinnt, und die man, ich weiß nicht wohin, exportiert, um als Dünger zu dienen. Sie mehren sich, je näher man dem Meere kommt, und so ziehen sie mehrere Stunden lang an einem vorbei, bis man endlich die verlassenen Ufer sieht, von denen sie kommen. Aus dieser weißen Fläche, wo die Kegelförmig aufgeworfenen Erdhaufen Hütten glichen, erinnerten uns all diese Wagen, deren lange bewegliche Reihe in der Perspektive floh, an irgendeinen Zug von Barbaren, der sich in Bewegung setzt und seine Ebenen verläßt.

Der leere Horizont dehnt sich, breitet sich aus und verschmilzt schließlich sein kreidiges Terrain mit der gelben Farbe des Strandes. Der Boden wird fester, ein salziger Hauch kommt zu einem, man könnte es für eine Wüste halten, aus der das Meer zurückgetreten ist. Lange, übereinander gebreitete Landzungen, die sich unklar in kaum unterschiedenen Flächen fortsetzen, runzeln sich wie ein Schatten unter großen gekrümmten Linien, riesenhafte Arabesken, die der Wind sich auf ihrer Oberfläche zu zeichnen amüsiert. Die Fluten sind fern, so weit zurückgewichen, daß man ihr Geräusch nicht hört, sondern nur noch, ich weiß nicht welches ungewisse Murmeln, unfaßbar, luftig wie die Stimme der Einsamkeit selber, und es ist vielleicht nur die Betäubung dieser Stille.

Gegenüber, vor uns erhebt sich ein großer, runder Felsen, die Basis mit gezinnten Mauern besetzt, den Gipfel von einer Kirche bekrönt; ihre Türme bohrt er im Sande ein, ihre Dachreiter hebt er in die Luft. Ungeheure Strebepfeiler, die die Flanken des Gebäudes halten, stützen sich auf einen jähen Abhang, von dem Felstrümmer und Büschel wilden Grüns abstürzen. Auf halber Höhe werfen, terrassenförmig, wie es eben ging, aufgebaut, ein paar Häuser, die den weißen Ring der Mauer überspringen und von der braunen Masse der Kirche überragt werden, ihre lebhaften Farben zwischen diese beiden großen, gleichmäßigen Töne.

Die Postchaise fuhr vor uns her; wir folgten ihr in der Ferne nach der Spur ihrer Räder, die Gleise eingruben; sie versank in der Entfernung, und ihr Verdeck, das man allein sah, glich auf seiner Flucht einem großen Taschenkrebs, der über den Strand kroch. Hier und dort rannen Bäche; man mußte weiter hinaufsteigen, oder es zeigten sich plötzlich sumpfige Stellen die ihre unregelmäßigen Mäander im Sande einrahmten.

Zu unseren Seiten zogen zwei Pfarrer, die gleichfalls den Mont Saint-Michel sehen wollten. Da sie Angst hatten, ihre neuen Gewänder zu beschmutzen, hoben sie sie rings um sich auf, um über die Rinnsale zu treten, und sie sprangen, indem sie sich auf ihre Stöcke stützten. Ihre silbernen Schnallen waren grau vom Schmutz, den die Sonne allmählich darauf trocknete, und ihre nassen Schuhe schlossen nicht an und spritzten bei jedem Schritt.

Der Berg wurde inzwischen größer. Mit einem einzigen Blick umfaßten wir sein Gesamtbild und wir sahen die Ziegel der Dächer so deutlich, daß wir sie zählen konnten, und zugleich die Nesselbüschel in den Felsen und ganz oben die grünen Jalousien eines kleinen Fensters, das auf den Garten des Statthalters blickt.

Das erste enge, spitzbogig gebaute Tor öffnet sich auf eine Art Kieselchaussee, die zum Meer abfällt; auf dem verwitterten Wappenschild des zweiten scheinen in den Stein geschnittene Schlangenlinien Wellen darzustellen; am Boden sind zu beiden Seiten ungeheure Kanonen aufgestellt, die aus Eisenstangen in gleichfalls eisernen Reihen bestehen. Die eine hat in ihrem Schlund eine Granitkugel bewahrt; 1423 von Louis d'Estonteville den Engländern abgenommen, liegen sie seit vier Jahrhunderten da.

Fünf oder sechs Häuser, die sich gegenüberstehen, bilden die ganze Straße; ihre Reihe bricht ab, und sie setzen sich in kleinen Anhöhen und Treppen fort, die zum Schloß führen, indem sie sich aufs Geratewohl folgen, steil aufgehockt, übereinander geworfen.

Um dort hinaufzukommen, steigt man zunächst auf die Kurtine, deren Mauer dem unteren Quartier den Blick aufs Meer verdeckt. Unter den gespaltenen Fliesen erscheint das Erdreich; zwischen den Zinnen grünt das Gras, und in den Senkungen des Bodens stehen Jauchelachen, die an den Steinen nagen. Der Wall umzieht die Insel und steigt in allmählichen Absätzen. Wenn man an dem Wachthaus vorbei ist, das den Winkel zwischen den beiden Türmen einnimmt, zeigt sich eine senkrechte kleine Treppe; wenn man von Stufe zu Stufe klettert, senken sich die Dächer der Häuser allmählich, und ihre verfallenen Schornsteine rauchen hundert Fuß unter einem. Man sieht in der Dachluke der Böden am Ende einer Stange die aufgehängte Wäsche mit roten, geflickten Lumpen trocknen oder zwischen dem Dach eines Hauses und dem Parterre eines andern einen kleinen, tischgroßen Garten in der Sonne braten, in dem der vor Durst verschmachtende Lauch seine Blätter auf die graue Erde legt; aber die andere Seite des Felsens, die, die zum offenen Meere blickt, ist nackt, öde und so schroff, daß sich die Büsche, die dort gewachsen sind, nur mit Mühe festhalten können und, ganz über den Abgrund geneigt, bereit scheinen, hinabzustürzen.

Und wenn man ganz oben behaglich umhergeht und eine Fläche genießt, wie sie sich menschlichen Augen nur zur Weide bieten kann, wenn man aufs Meer hinblickt und der Horizont seine ungeheure bläuliche Krümmung entfaltet, wo auf dem senkrechten Absturz die Mauer der Merveille mit ihren sechsunddreißig riesigen Widerlagern steht, und wenn einem da ein Lächeln der Bewunderung die Lippen kräuselt, dann hört man plötzlich das trockene Geräusch der Webestühle durch die Luft hin klappen. Man macht Leinwand. Das Schiffchen kommt, schlägt ein und gibt seine brüsken Stöße; alle beginnen, es ist ein Spektakel.

Zwischen zwei schlanken, ausgekragten Türmchen, die zwei Kanonen auf ihren Bodenstücken zeigen, öffnet sich das Eingangstor des Schlosses in ein langes Gewölbe, in das sich eine granitene Treppe verliert. Die Mitte bleibt stets im Schatten, da sie kaum von zwei Halblichtern beleuchtet wird, von denen das eine von unten kommt, das andere durch die Lücke der Zugbrücke von oben; es ist, als stiege ein Keller zu einem herab.

Die Wachtstube liegt, wenn man herabkommt, oben an der großen Treppe. Das Geräusch der Flintenkolben hallte mit der Stimme der Sergeanten, die den Appell verlasen, unter den Gewölben wieder. Man rührte die Trommel.

Inzwischen brachte uns ein Sträflingsaufseher unsere Pässe zurück, die der Herr Gouverneur zu sehen gewünscht hatte; er gab uns ein Zeichen, ihm zu folgen, er öffnete Türen, schob Riegel zurück, führte uns durch ein Labyrinth von Gängen, Gewölben, Treppen. Man verliert sich darin; denn ein einziger Besuch genügt nicht, um den komplizierten Plan all dieser vereinigten Konstruktionen zu begreifen, in denen sich Festung, Kirche, Abtei, Gefängnisse, Kerkerlöcher finden, alles, vom Romanischen des elften Jahrhunderts an bis zur Gotik des Flammenstils im sechzehnten Jahrhundert. Den Rittersaal, der jetzt als Webewerkstatt dient, und der dem Publikum aus diesem Grunde versagt ist, konnten wir nur durch eine Fensterscheibe sehen, indem wir uns auf die Zehenspitzen hoben. Wir erkannten darin nur vier Säulenreihen mit Kleekapitälen, die ein Gewölbe tragen, auf dem vorspringende Adern liefen. Zweihundert Fuß über dem Meeresspiegel ist der Kreuzgang über diesen Rittersaal gebaut. Er besteht aus einer viereckigen Galerie, die von einer dreifachen Reihe von Säulchen aus Granit, Tuff, Granitmarmor oder aus einem Stuck von gemahlenen Muscheln gebildet wird. Der Akanthus, die Distel, der Efeu und die Eiche winden sich um ihre Kapitäle; zwischen je zwei Bischofsmützen-Spitzbogen ist eine Kleeblattrosette ausgeschnitten; man hat das Ganze zum Gefangenenhof gemacht.

Die Mütze des Sträflingsaufsehers zieht diese Mauern entlang, wo man einst den geschorenen Schädel der alten arbeitsamen Benediktiner träumen sah; und der Holzschuh des Gefangenen klappert auf diesen Fliesen, auf denen die Mönchsgewänder streiften, die von den groben Ledersandalen aufgehoben wurden, die sich unter ihren nackten Füßen bogen.

Die Kirche hat einen gotischen Chor und ein romanisches Schiff, und die beiden Stile stehen da, wie um an Größe und an Eleganz miteinander zu kämpfen. Im Chor ist der Spitzbogen der Fenster hoch, spitz, schlank wie eine Liebessehnsucht; im Schiff öffnen die Arkaden übereinander ihre sich aufbauenden Halbkreise rund, und an der Mauer steigen Säulchen empor, die senkrecht emporklettern wie Palmenstämme. Sie stützen ihren Fuß auf viereckige Pfeiler, bekrönen ihre Kapitäle mit Akanthusblättern und setzen sich darüber in mächtigen Rippen fort, die sich unter dem Gewölbe biegen, sich in ihm kreuzen und es tragen.

Es war Mittag. Durch die offene Tür drang das volle Licht ein und ließ seine Ströme über die düsteren Flächen des Baues rieseln.

Das vom Chor durch einen großen Vorhang aus grünem Tuch getrennte Schiff ist mit Tischen und Bänken versehen, denn man hat es als Refektorium nutzbar gemacht. Wenn man die Messe liest, zieht man den Vorhang zurück, und die Verurteilten wohnen dem Gottesdienste bei, ohne ihre Ellbogen von der Stelle zu rühren, wo sie essen. Das ist scharfsinnig.

Um die Terrasse, die sich im Westen der Kirche befindet, um zwölf Meter zu vergrößern, hat man die Kirche ganz einfach verkürzt: aber da man irgendeinen Eingang wieder bauen mußte, ist ein Architekt auf den Gedanken verfallen, das Schiff durch eine Fassade im griechischen Stil zu schließen; da er aber dann vielleicht Gewissensbisse empfand, oder, was glaublicher erscheint, sein Werk noch verfeinern wollte, hat er nachträglich Säulen mit Kapitälen eingefügt, „die“, sagt die Beschreibung, „denen des elften Jahrhunderts ziemlich gut nachgeahmt sind“. Schweigen wir, senken wir den Kopf. Jede der Künste hat ihren besonderen Aussatz, ihre tödliche Schmach, die ihr am Gesichte nagt. Die Malerei hat das Familienporträt, die Musik hat die Ballade, die Literatur hat die Kritik und die Architektur hat den Architekten.

Die Gefangenen gingen, alle in einer Reihe hintereinander mit gekreuzten Armen, ohne zu sprechen, kurz, in jener schönen Ordnung, die wir zu Fontevrault betrachtet hatten, auf der Plattform spazieren. Es waren Kranke aus dem Lazarett, die man Luft schöpfen ließ, und die man so zerstreut, um sie gesund zu machen. Einer von ihnen, der die Füße höher hob als die anderen und sich mit den Händen an der Jacke seines Vordermanns festhielt, folgte der Reihe stolpernd. Er war blind. Der arme Kerl! Gott hindert ihn am Sehen und die Menschen verbieten ihm zu reden.

Am folgenden Tage brachen wir, als sich der Sand wieder entblößt hatte, vom Mont Saint-Michel auf. Die glühende Sonne erhitzte das Leder des Wagens, und die Pferde schwitzten. Wir fuhren im Schritt; das Geschirr knarrte, die Räder sanken im Sande ein. Als der Strand zu Ende war und der Rasen erschien, habe ich das Auge an das kleine Fensterchen gehalten, das hinten in dem Wagen ist, und ich habe dem Mont Saint-Michel Adieu gesagt ...

Combourg. – Ein Brief des Vicomte de Vesin sollte uns den Eingang des Schlosses öffnen. Wir begaben uns also, kaum angelangt, zu M. Corvesier, der der Verwalter ist.

Man führte uns in eine große Küche, wo ein stark pockennarbiges Mädchen in Schwarz, das auf großen, kurzsichtigen Augen eine Schildpattbrille trug, Johannisbeeren in eine Terrine abbeerte. Der Fruchttopf stand auf dem Feuer, und man zerrieb Zucker mit Flaschen. Offenbar *störten* wir. Nach einigen Minuten stieg man herab, um uns zu sagen, M. Corvesier sei krank und werde in seinem Bett vom Fieber geschüttelt; er bedauere, uns nicht dienen zu können, aber er lasse sich uns empfehlen. Da erbot sich sein Gehilfe, der gerade von der Reise zurückgekommen war und in der Küche einen Imbiß nahm, indem er ein Glas Cider trank und ein Butterbrot aß, uns an seiner Stelle das Schloß zu zeigen. Er legte seine Serviette ab, sog sich die Zähne aus, zündete die Pfeife an, ergriff ein Schlüsselbund, das an einem Nagel hing, und begann im Dorf vor uns herzugehen.

Nachdem man eine große Mauer entlanggegangen ist, tritt man durch ein rundes Tor auf einen schweigsamen Pachthof. Der Kiesel steckt seine Spitzen aus dem gestampften Boden, auf dem sich ein kurzes Gras zeigt, das von dem Dünger, den man schleift, beschmutzt ist. Es war niemand da; die Ställe waren leer. In den Schuppen hockten die Hennen auf der Deichsel der Wagen und schliefen, den Kopf unter dem Flügel. Am Fuß der Gebäude dämpfte die Spreu des Strohs, die aus den Scheunen gefallen war, das Geräusch der Schritte.

Vier große, durch Kurtinen verbundene Türme lassen unter ihrem spitzen Dach die Löcher ihrer Zinnen, die den Stückpforten eines Schiffes gleichen, und die Schießscharten in den Türmen sehen, so wie auch auf dem Hauptbau des Schlosses kleine, ungleichmäßig durchgebrochene Fenster in der grauen Farbe der Steine unregelmäßige schwarze Löcher bilden. Eine große Freitreppe von einigen dreißig Stufen steigt direkt zum ersten Stock hinauf, der für die Gemächer im Innern zum Parterre geworden ist, seit man die Wassergräben zugeschüttet hat.

Der „Lack“ wuchs nicht darauf, aber Mastix und Nesseln mit grünlichem Moos und Flechten. Links neben dem Türmchen ist ein Kastanienbaum bis über sein Dach gewachsen, das er mit seinem Laube schützt.

Als der Schlüssel im Schloß gedreht und die mit Fußtritten aufgestoßene Tür über das klemmende Pflaster gescharrt war, traten wir in einen finsteren Gang, den Bretter und Leitern mit Faßreifen und Schubkarren sperrten.

Dieser Gang führt einen in einen kleinen Hof, der von den inneren Wänden des Schlosses umgeben und wegen der Dicke der Mauern eng ist. Das Licht kommt wie in einem Gefängnishof nur von oben. In den Ecken liefen feuchte Tropfen die Steine entlang.

Eine weitere Tür wurde geöffnet. Es war ein weiter, ausgeleerter, widerhallender Saal: der Steinfußboden ist an tausend Stellen zerbrochen; das alte Getäfel hat man neu bemalt.

Durch die großen Fenster warf der grüne Ton der Bäume gegenüber einen leichenfarbenen Reflex auf die getünchten Wände. Zu ihren Füßen breitet sich der See aus, hingedehnt über das Gras zwischen den Binsen; unter den Fenstern bedecken die Akazien, Jasmin und Fliederbüsche, die auf den ehemaligen Gartenbeeten durcheinander wuchsen, mit ihrem wilden Gestrüpp die Böschung, die sich bis zur großen Straße senkt; sie führt auf dem Ufer des Sees hin und geht dann weiter durch den Wald.

Nichts hallte in dem verlassenen Saale wieder, wo sich einst um diese Stunde das Kind auf den Rand dieser Fenster setzte, das René schuf. Der Gehilfe rauchte seine Pfeife und spie auf den Boden. Sein Hund, den er mitgenommen hatte, lief umher, indem er nach den Mäusen spürte, und die Krallen seiner Pfoten tönten auf den Fliesen.

Wir sind die Wendeltreppe hinaufgestiegen. Der Fuß stolpert, man tastet mit den Händen. Auf den ausgetretenen Stufen ist Moos gewachsen. Oft dringt ein leuchtender Strahl durch den Spalt der Mauern, schlägt scharf darauf und läßt eine kleine grüne Faser erglänzen, die von fern im Schatten wie ein Stern schimmert. Wir sind überall umhergeirrt: in den langen Gängen, auf den Türmen, auf der schmalen Kurtine, deren klaffende Pechnasenlöcher das Auge zum Abgrund niederziehen.

Auf den inneren Hof blickt vom zweiten Stock aus ein kleines niedriges Zimmer, dessen mit plastischem Gerank geschmückte Eichentür sich mit eiserner Klinke öffnet. Die Deckbalken, die man mit der Hand berühren kann, sind vor Alter wurmstichig; die Latten blicken unter dem Stuck der Wand hervor, die große, schmutzige Flecken zeigt, die Fensterscheiben sind durch die Spinngewebe verdunkelt, und ihre Rahmen mit Staub übersintert. Das war sein Zimmer. Es blickt nach Westen, zur untergehenden Sonne hin.

Wir gingen weiter; wir hörten nicht auf; wenn wir an einer Bresche vorbeikamen, einer Schießscharte oder einem Fenster, wärmten wir uns wieder in der heißen Luft, die von draußen hereinkam, und dieser plötzliche Übergang machte all diesen Verfall noch trauriger und kälter. In den Zimmern senken sich die vermoderten Fußböden, das Licht fällt durch die Kamine herab, den schwarzen Fleck entlang, in den der Regen lange grüne Striche eingezeichnet hat. Die Decke des Salons läßt ihre Goldblumen fallen, und das Wappenschild, das seinen Türsims überragt, ist in Stücke zerbrochen. Als wir da waren, kam plötzlich ein Volk Vögel hereingeflogen, wirbelte schreiend umher und entfloh durch das Kaminloch.

Abends sind wir auf der andern Seite, in der Wiese, am Ufer des Sees gewesen. Das Land verdrängt ihn, er verliert sich mehr und mehr darin, er wird bald verschwinden, und wo jetzt die Seerosen zittern, wird Getreide wachsen. Die Nacht sank herab. Das Schloß zwischen seinen vier Türmchen, im Rahmen seines Grüns und über dem Dorf, das es in den Schatten drängt, streckte seine weite, düstere Masse, aus. Die untergehende Sonne, die vor ihm vorbeiging, ohne es zu erreichen, ließ es schwarz erscheinen, und ihre Strahlen streiften die Fläche des Sees und verloren sich im Dunst über dem violetten Wipfel der regungslosen Bäume.

Zu Füßen einer Eiche auf dem Boden sitzend lasen wir René. Wir hatten jenen See vor uns, wo er der behenden Schwalbe über dem beweglichen Schilf zusah, und wir lagen im Schatten jener Bäume, wo er den Regenbogen über den regnichten Hügeln verfolgte; wir hörten jenes Rascheln der Blätter, jenes Geräusch des Wassers, unter dem Windhauch, das sein Murmeln in die tränenvolle Melodie der Langenweile seiner Jugend gemischt hatte. Im Maße, wie sich der Schatten auf die Seiten des Buches senkte, gewann die Bitterkeit der Sätze unser Herz, und wir schmolzen mit Entzücken in diesem etwas, das so weit, melancholisch und süß ist.

Nahe bei uns fuhr ein Karren vorüber, dessen knarrende Achse in den Gleisen krachte. Man roch den Duft gemähten Heus. Man hörte den Lärm der Frösche, die im Sumpfe quakten. Wir kehrten zurück.

Der Himmel war drückend; die ganze Nacht hindurch gewitterte es. Beim Licht der Blitze erleuchtete sich die Stuckfassade eines Nachbarhauses, und sie flammte wie entzündet auf. Seufzend und müde, mich auf meiner Matratze hin und her zu wenden, stand ich auf, zündete meine Kerze an, öffnete das Fenster und blickte in die Nacht hinaus.

Sie war schwarz, still wie der Schlummer. Meine brennende Kerze zeichnete meine vergrößerte Silhouette ungeheuerlich auf die Mauer gegenüber. Von Zeit zu Zeit blendete mir ein plötzlicher, stummer Blitz die Augen.

Ich dachte an jenen Menschen, der hier begonnen hat, und der ein halbes Jahrhundert mit dem Lärm seines Schmerzes füllte.

Ich sah ihn erst auf diesen friedlichen Straßen, wie er mit den Dorfkindern umherzog, als er im Kirchturm die Schwalbennester oder im Wald die Grasmücke ausnahm. Ich stellte ihn mir in seinem kleinen Zimmer vor, traurig und den Ellbogen auf dem Tisch, wie er den Regen über die Scheiben laufen sah und jenseits der Kurtine die Wolken, die vorüberzogen, während seine Träume entflogen; ich stellte mir die langen träumerischen Nachmittage vor, die ihm vergangen; ich dachte an die bitteren Einsamkeiten der Jugend, mit ihrem Schwindel, ihrem Ekel und ihren Liebesanwandlungen, die die Herzen krank machen. Wurde nicht hier für uns unser Schmerz gebrütet, ist dies nicht das Golgatha, wo das Genie, das uns genährt hat, seine Qualen schwitzte?

Nichts kann die Schwangerschaften der Ideen schildern oder die Zuckungen, die die künftigen großen Werke denen, die sie in sich tragen, auferlegen; aber gern sieht man die Orte, wo wir wissen, daß sie empfangen und gelebt wurden,als hätten sie etwas von dem unbekannten Ideal bewahrt, das einstmals pochte.

Sein Zimmer! Sein Zimmer! Sein armes kleines Kinderzimmer! Dort wirbelten, riefen ihn die wirren Phantome, die ihn quälten, indem sie nach ihrer Geburt verlangten: Atala, die im Winde Floridas die Magnolien ihres Haares schüttelte; Velleda, die im Mondlicht über die Heide läuft; Cymodocea, die die nackte Brust unter der Kralle der Leoparden verschleiert, und die weiße Amelia und die blasse René!

Eines Tages jedoch verläßt er es, er reißt sich von ihm los, er sagt dem alten Rittersitz Adieu, um nie dahin zurückzukehren. Da verliert er sich in Paris und mischt sich unter die Menschen; und dann faßt ihn die Unruhe, er geht fort.

Über den Bug seines Schiffes geneigt, sehe ich ihn, wie er eine neue Welt sucht, während er um das Vaterland weint, das er verläßt. Er kommt hin; er hört den Donner der Katarakte und das Lied der Natchez; er sieht das Wasser der großen Ströme träge fließen und betrachtet auf den Ufern die

Schuppen der Schlangen, die mit den Augen der wilden Frauen glänzen. Er gibt die Seele der Sehnsucht der Savannen hin; von einer zur andern gießen sie ihre angeborenen Melancholien, und er erschöpft die Wüste, wie er die Liebe leergetrunken hatte. Er kommt zurück, er spricht, und man wird in der Schwebe gehalten vom Zauber dieses prachtvollen Stils mit seinen königlichen Kurven und seiner wogenden, federgeschmückten, drapierten Phrase, stürmisch wie der Wind jungfräulichen Urwalds, farbig wie der Hals der Kolibris, zart wie die Strahlen des Mondes durch die Kleeblattrosette der Kapellen.

Er zieht wieder fort; er geht und rührt mit den Füßen den Staub des Altertums auf; er setzt sich in die Thermopylen und ruft: Leonidas! Leonidas! Läuft um Achilles' Grab, sucht Lakedämonien, kernt in den Händen Karthagos Brotfrucht aus, und gleich dem schläfrigen Hirten, der beim Lärm der Karawanen den Kopf hebt, wachen all diese, großen Landschaften auf, wenn er durch ihre Einsamkeiten zieht.

Nacheinander verbannt, geächtet, mit Ehren überhäuft, wird er später am Tisch der Könige essen, er, der in den Straßen vor Hunger ohnmächtig wurde; er wird Gesandter werden und Minister, wird versuchen, mit seiner Hand die stürzende Monarchie zu stützen, und schließlich wird er seinem eigenen Ruhm beiwohnen, als werde er schon unter die Toten gerechnet.

Im Verfall einer Gesellschaft und in der Morgenröte einer andern geboren, ist er gekommen, um den Übergang zu bilden, und wie um in sich ihre Hoffnungen und Erinnerungen zusammenzufassen. Es ist der Einbalsamierer des Katholizismus gewesen und der Beifallspender der Freiheit. Ein Mann der alten Traditionen und der alten Illusionen, war er in der Politik konstitutionell und in der Literatur revolutionär. Religiös durch Instinkt und Erziehung hat er vor allen anderen, vor Byron, den wildesten Schrei des Hochmuts ausgestoßen, seine furchtbarste Verzweiflung ausgesprochen.

Als Künstler hatte er das mit denen des achtzehnten Jahrhunderts gemeinsam, daß er wie sie immer in engen Poetiken eingesperrt war, aber fortwährend durch die Weite seines Genius überflutet, krachten sie, ihm zum Trotz in ihrem ganzen Umfang. Als Mensch hat er das Elend derer des neunzehnten Jahrhunderts geteilt; er hat ihre ungestümen Vorurteile gehabt, ihren nichtigen Ernst. Nicht zufrieden damit, daß er groß war, hat er grandios erscheinen wollen, und doch hat es sich gefunden, daß diese Manie der Eitelkeit seine wahre Größe nicht verlöschte. Sicherlich gehört er nicht zum Geschlecht der Kontemplativen, die nicht ins Leben niederstiegen, der Meister mit heiterer Stirn, die weder Jahrhundert, noch Heimat, noch selbst Familie hatten. Sondern ihn kann man nicht von den Leidenschaften seiner Zeit lostrennen; sie hatten ihn geschaffen, und er hat ihrer mehrere geschaffen. Die Zukunft wird ihm vielleicht für seinen heroischen Eigensinn keinen Dank wissen, und ohne Zweifel werden es die Episoden seiner Bücher sein, die ihre Titel und den Namen der Dinge, die sie verteidigen, unsterblich machen werden.

So, mit mir selber plaudernd, blieb ich ganz allein angelehnt stehen und kostete die weiche Nacht aus, und badete mich mit Lust in der kühlen Morgenluft, die mir die Lider erfrischte. Ganz allmählich kam der Tag; die Kerze streckte ihren schwarzen Docht in die erblassende Flamme. Der Giebel der Markthallen erschien in der Ferne, ein Hahn Krähte; das Gewitter war entflohen; ein paar Wassertropfen, die inzwischen auf den Staub der Straße gefallen waren, bildeten dort große, runde Flecken. Da ich vor Müdigkeit einschlief, habe ich mich wieder hingelegt und geschlafen.

Wir gingen sehr traurig von Combourg fort; und dann nahte das Ende unserer Reise. Bald sollte dieses phantastische Landstreicherleben enden, das wir mit so viel Genuß seit drei Monaten führten. Auch die Rückkehr hat, wie der Abschied, ihre vorausgeahnte Trauer, die einem schon vorher die fade Ausdünstung des Lebens sendet, das man schleppt ...